W0327194

J'apprends les maths CM2

MANUEL

Sous la direction de
RÉMI BRISSIAUD
Maitre de conférences de psychologie expérimentale

ANDRÉ OUZOULIAS
Professeur agrégé

PIERRE CLERC
Instituteur

FRANÇOIS LELIÈVRE
Professeur des écoles

LUC TIENNOT
Formateur à l'Éspé de La Réunion

RETZ
www.editions-retz.com
9 bis, rue Abel Hovelacque
75013 Paris

Présentation

Depuis l'édition précédente de *J'apprends les maths CM2*, de nouveaux programmes pour la rentrée 2016 ont été publiés et une Conférence de consensus, qui s'est tenue en 2015, a émis des recommandations concernant les apprentissages numériques à l'école élémentaire. Les choix didactiques de la collection et notamment ceux de *J'apprends les maths CM2* s'en sont trouvés confortés.

Rappelons quelques choix pédagogiques qui, dès l'origine, ont été ceux de *J'apprends les maths* :

- les élèves apprennent dès le CM1 la résolution des problèmes de proportionnalité en calculant la valeur de l'unité (stratégie qui, souvent, est improprement appelée : « règle de trois ») ;
- en CM2, les élèves apprennent même à « pousser une division après la virgule » (cela conforte une bonne compréhension des nombres décimaux).

Par ailleurs, certains choix pédagogiques de *J'apprends les maths* sont aujourd'hui confortés par la recherche scientifique. C'est le cas notamment de la distinction de deux types de stratégies de résolution de problèmes : la « résolution par simulation de la situation » et la « résolution arithmétique ». Les pages « **Problèmes pour apprendre à chercher** » contribuent largement à faire comprendre cette distinction.

La progression de *J'apprends les maths* concernant **les nombres décimaux** est un des points forts de la collection. Les fractions sont en effet abordées avant les décimaux et, de plus, le sens « division » des fractions est abordé en premier (13/10 se lit d'abord : « 13 divisé par 10 », avant de se lire « 13 dixièmes »). Les raisons de tels choix sont exposées ci-dessous, après avoir abordé le thème de la division.

L'exemple de la division

Les deux « gestes mentaux » de la division

Rappelons d'abord (pour une présentation détaillée, voir le *Guide pédagogique*) que le calcul du quotient et du reste d'une division est susceptible de solliciter deux « gestes mentaux » de base : celui de la division par partition (ou par partage) et celui de la division par quotition (ou par groupement).

Pour diviser 27 847 par 4 (division par un nombre à 1 chiffre), par exemple, les enfants peuvent penser à un scénario de partages successifs des milliers, centaines, dizaines et unités comme celui-ci :

– Partage des milliers : 27 milliers partagés en 4, cela fait 6 pour chacun et 3 milliers restent à partager.

– Partage des centaines restantes : les 3 milliers restants et les 8 centaines qu'on avait au départ font 38 centaines à partager en 4, etc.

Ce premier « geste mental » est celui qu'on utilise lorsqu'on « pose » cette division par écrit.

Présentons l'autre « geste mental de base ». Si l'on doit diviser 903 par 125, par exemple, cela n'aide guère d'imaginer le partage de 903 objets entre 125 personnes. Il convient mieux de chercher : « Avec 903 objets, combien peut-on former de groupes de 125 ? » ou encore « En 903, combien de fois 125 ? », ce qui correspond au geste de la division-quotition. Comme 7 fois 125 = 875, le quotient est 7 et le reste 28.

> Les exemples numériques précédents n'ont pas été choisis au hasard : lorsqu'on divise un « grand nombre » par un nombre à un chiffre (le quotient est alors un nombre à plusieurs chiffres), on a intérêt à procéder par partages successifs des milliers, centaines… En revanche, lorsqu'on divise un nombre *a* par un autre *b* alors que le quotient n'a qu'un seul chiffre, on a intérêt à se demander : « En *a* combien de fois *b* ? ».

L'apprentissage de la technique et la conceptualisation de la division

Avoir compris ou avoir conceptualisé la division euclidienne, c'est avoir construit la conviction de l'équivalence des deux gestes mentaux précédents : deux nombres *a* et *b* étant donnés, il est équivalent de chercher « En *a* combien de fois *b* ? » ou de chercher la valeur d'une part lorsqu'on partage *a* en *b* parts égales.

Dans des divisions par un nombre à un chiffre, comme 27 847 divisé par 4, par ex., la technique de la division revient à mettre en œuvre le geste mental du partage successif des milliers, centaines, dizaines et unités. Il est clair qu'une bonne maitrise de l'un des deux gestes mentaux (celui du partage en l'occurrence) ne peut que favoriser l'appropriation de leur équivalence. Et y a-t-il un meilleur moyen de s'approprier ce même geste que de le mettre en œuvre dans le calcul de divisions *a* : *b* ?

De plus, dans le cas général de la division par un nombre à plusieurs chiffres, celui du calcul de 87 647 divisé par 12 par ex., la technique de la division revient à mettre en œuvre, de manière coordonnée, les deux gestes mentaux. Pour calculer cette division, en effet, on est amené à partager successivement les 87 milliers en 12, puis les centaines restantes en 12, etc. La structure générale de la technique est donc du côté d'un partage successif des milliers, centaines, etc., ce qui sollicite le geste mental de la partition. Mais chaque quotient partiel, lui, est obtenu en se demandant : « En 87 combien de fois 12 ? », etc., sollicitant alors le geste mental de la quotition.

Pour effectuer une division par un nombre à 2 chiffres dans le cas général où le quotient a lui-même plus de 2 chiffres, il suffit donc de mettre en œuvre, de manière coordonnée, les deux « gestes mentaux » dont l'équivalence fonde cette opération arithmétique. La véritable difficulté n'est donc pas dans l'enseignement de cette technique en elle-même mais dans celui de l'équivalence entre la quotition et la partition. Ainsi, contrairement à ce qu'on pourrait penser, le fait qu'un élève soit capable de calculer une division par un nombre à deux chiffres peut être considéré comme un indice d'une bonne compréhension du sens de cette opération.

En résumé, **la conceptualisation arithmétique exige d'accompagner les élèves dans la rencontre de certaines difficultés**. Nous allons voir de même que, concernant les nombres décimaux, il apparait tout aussi indispensable d'affronter certaines difficultés.

L'exemple des décimaux

Les nombres décimaux servent à approcher d'aussi près que l'on veut la mesure d'une grandeur continue.

> Pour résoudre ce problème, les Égyptiens ont inventé les fractions de numérateur 1. Plus précisément, dans la plupart des contextes (mesures de contenances de récipients remplis de céréales, d'agrumes ou de liquides), ils utilisaient uniquement les fractions : 1/2, 1/4, 1/8, 1/16, 1/32 et 1/64…, c'est-à-dire celles dont le numérateur est 1 et le dénominateur une puissance de 2.
>
> Un tel système permet en effet d'approcher d'aussi près que l'on veut la mesure d'une longueur *l* à l'aide d'une unité *u*, par ex., comme le montre le schéma suivant :

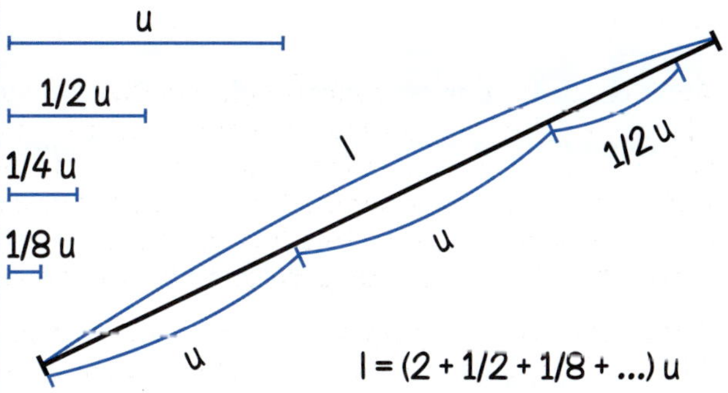

D'un point de vue pratique et théorique, la suite de fractions 1/2, 1/4, 1/8… et celle des décimaux 1/10, 1/100, 1/1 000… ont exactement la même fonction.

Disons-le clairement : il est impossible d'envisager que les élèves comprennent les décimaux sans avoir étudié en classe, de façon assez approfondie, les fractionnements successifs par 10, 100, 1 000, etc.

De même que, d'un point de vue historique, les hommes ont d'abord découvert le système 1/2, 1/4, 1/8... pour approcher d'aussi près que l'on veut la mesure d'une grandeur continue, c'est d'abord sous la forme de fractions que les enfants doivent découvrir les décimaux en classe.

Les deux « gestes mentaux » qui permettent de comprendre les fractions

Cependant, une progression pédagogique où l'on enseigne d'abord les décimaux sous forme de fractions décimales n'est pas suffisante pour que les enfants conceptualisent ces nombres. De nombreux enseignants font ce choix et se plaignent toujours que leurs élèves comprennent mal les décimaux.

L'explication de ce phénomène est vraisemblablement la suivante : les enfants conceptualisent mal les décimaux, bien qu'ils soient présentés comme fractions décimales particulières, parce que, plus généralement, ils conceptualisent mal les fractions. En effet, tel qu'on s'y prend le plus souvent, les élèves comprennent mal que *a*/*b* puisse se lire aussi bien *a divisé par b* que *a fois un b*^{ième}.

Or, par exemple, si on s'intéresse à une fraction d'heure, l'écriture 3/4 ne doit pas seulement évoquer une durée de « trois quarts d'heure », elle désigne aussi la durée correspondant à 3 heures partagées en 4 périodes égales (« 3 divisé par 4 »).

Souvent, les élèves comprennent mal l'équivalence de ces « gestes mentaux » différents. Il est alors normal qu'ils comprennent mal pourquoi, par exemple, 3 : 10 = 3/10 (ou 0,3). Pourtant, il n'y a pas de vraie compréhension des décimaux s'il n'y a pas de compréhension du fondement de telles égalités.

C'est pourquoi deux choix fondamentaux caractérisent la progression adoptée dans *J'apprends les maths* : **le sens « division » d'une fraction** *a*/*b*, le moins banal, est rencontré le premier, puis, lorsque les enfants se sont approprié l'équivalence entre les deux « gestes mentaux » qui fondent les fractions, **les décimaux sont présentés comme des fractions particulières**.

Enseigner d'abord les fractions *a*/*b* dans leur sens « *a* divisé par *b* »

Les raisons d'un tel choix sont nombreuses et sont présentées de manière détaillée dans le *Guide pédagogique*. Il est clair que le sens « division » est le moins naturel parce qu'une écriture comme 3/4 se lit communément « trois quarts » et non « 3 divisé par 4 ». Mais ce sens n'est pas le plus difficile à comprendre. Et, surtout, il est plus facile de s'approprier l'équivalence entre les deux sens lorsque le sens « division » est premier que lorsque c'est le sens « fractionnement » qui est premier. En effet, pour partager 3 pizzas en 4 parts égales (A, B, C, D), la solution suivante est simple :

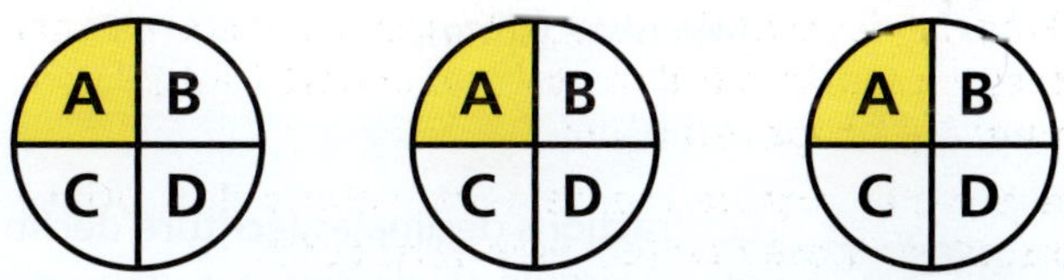

Lorsqu'on a noté 3/4 (3 divisé par 4) la valeur d'une part (celle de A, par exemple), il est simple de comprendre que cette même part s'obtient aussi en prenant une seule pizza, en la partageant en 4 et en prenant 3 des parties ainsi formées (ce qui correspond aux trois quarts d'une pizza).

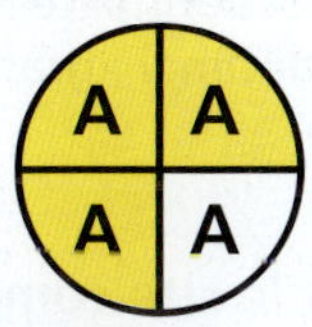

© Retz, 2017 ISBN 978-2-7256-3530-9

Cet ouvrage suit l'orthographe recommandée par les rectifications de 1990 et les programmes scolaires.
Voir le site http://www.orthographe-recommandee.info et son miniguide d'information

Lorsqu'on s'intéresse aux fractions *a/b* avec *a* > *b*, celles-ci correspondent à des divisions où l'on partage le reste. S'il faut partager équitablement 23 images entre 4 enfants, on ne va pas déchirer les 3 images restantes pour les partager. Mais s'il s'agit de 23 petits pains, il en va autrement. C'est ainsi que 23/4, par exemple, désigne 5 unités (quotient entier) auxquelles il faut ajouter le reste : 3 divisé par 4. On peut donc écrire que 23/4 = 5 + ¾. Il en va de même avec les fractions décimales.

Lorsque les élèves ont appris à noter une fraction décimale avec une virgule (7/10 = 0,7), il devient alors évident pour eux que 137/10 = 13,7.

> Avec d'autres progressions où, contrairement à celle de *J'apprends les maths*, on n'enseigne pas le sens division des fractions, ce type d'exercice est très mal réussi. On comprend pourquoi : lorsque la seule signification des fractions que les élèves rencontrent est le « fractionnement de l'unité », le raisonnement nécessaire pour trouver la solution est hors de portée de la plupart des élèves. Pour 137/10 (lu : « 137 dixièmes » et non : « 137 divisé par 10 »), le raisonnement induit (en 137, combien de fois 10 ?) doit les conduire à faire la division avec reste de 137 par 10 (quotient 13), mais il leur faut aussi interpréter le reste, ce qui n'a rien d'évident !

Et la division avec quotient décimal ?

L'enseignement correspondant ne pose pas de difficulté particulière pour peu que les élèves aient compris : 1°) la division avec quotient entier, 2°) le fractionnement décimal. Il est toujours préférable de construire un réseau de connaissances plutôt que des connaissances isolées. C'est d'ailleurs un excellent moyen d'apprécier si un élève a compris à la fois la technique de la division et ce qu'est un nombre décimal que de lui demander à quoi correspondent les chiffres qui apparaissent lorsqu'on « pousse une division après la virgule ».

L'organisation en 4 périodes

Périodes	Nombres et calculs	Géométrie et mesures	Pages
1	Numération (les grands nombres) ; les 3 opérations (calcul mental et technique écrite) ; la division avec reste : les 2 « gestes mentaux ».	Vocabulaire de base ; les angles, droites et segments perpendiculaires. Conversions de mesures entières de longueur et de durée (1).	14 à 55
2	La division-fraction ; les fractions décimales ; technique de la division avec reste (suite).	Droites et segments parallèles ; les aires ; construction de triangles. Conversions de mesures entières de longueur, de durée (2) et d'aires.	56 à 89
3	Les fractions décimales (écriture décimale ou « à virgule ») ; division par un nombre à 2 chiffres ; quotient décimal ; la moyenne.	Rédiger le plan de construction d'une figure ; les solides. Sens des chiffres dans une mesure décimale (longueurs et aires).	90 à 133
4	La proportionnalité ; produit d'un entier par un décimal ; graphiques.	Symétrie par rapport à une droite ; périmètre et aire du rectangle (suite) ; agrandissement et réduction de figures. Conversions de mesures décimales de contenance et de masse.	134 à 165

Sur le site compagnon www.japprendslesmaths.fr, téléchargez la synthèse de la mise en œuvre des séquences (notes de bas de page sur l'ancienne édition) et le tableau de correspondance avec les notions et compétences au programme.

Illustrations : Sébastien Chebret • Toutes les photos sont © istock
Conception et mise en page : Anne-Danielle Naname
Direction éditoriale : Céline Lorcher • **Édition :** Anne-Sophie Perret • **Relecture :** Gérard Tassi

Mode d'emploi

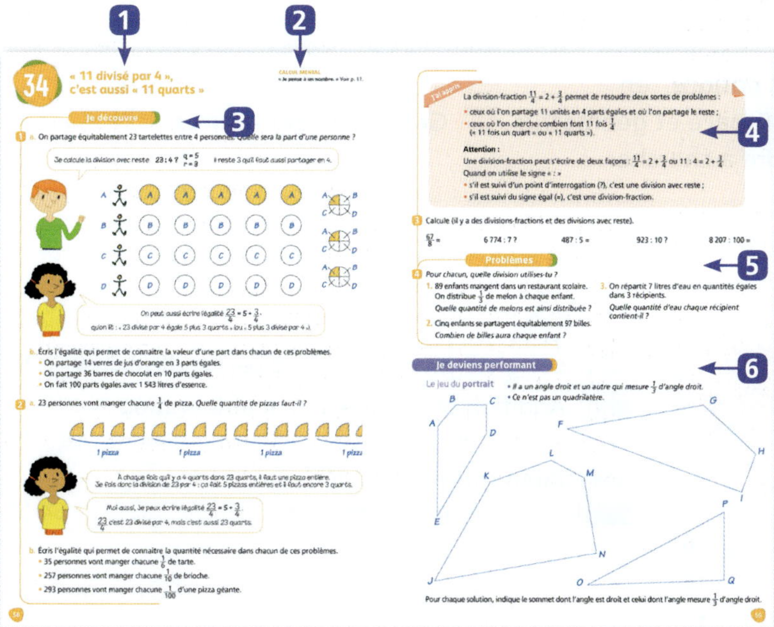

1 **Le titre** te présente les notions que tu vas apprendre dans cette séquence.

2 Au début de chaque séquence, l'enseignant te donne une série de **calculs mentaux**. Ici, tu vois de quels types de calculs il s'agit.

3 Ces exercices te font **découvrir les nouvelles notions**.

4 Cet encadré résume **la règle ou la méthode à retenir** pour savoir refaire facilement d'autres exercices !

5 Dans cette rubrique, pense à utiliser le « J'ai appris » pour pouvoir **résoudre des problèmes**.

6 Ici, tu vas t'exercer sur des notions que tu as déjà apprises avant. **En t'entrainant régulièrement**, tu deviendras un expert !

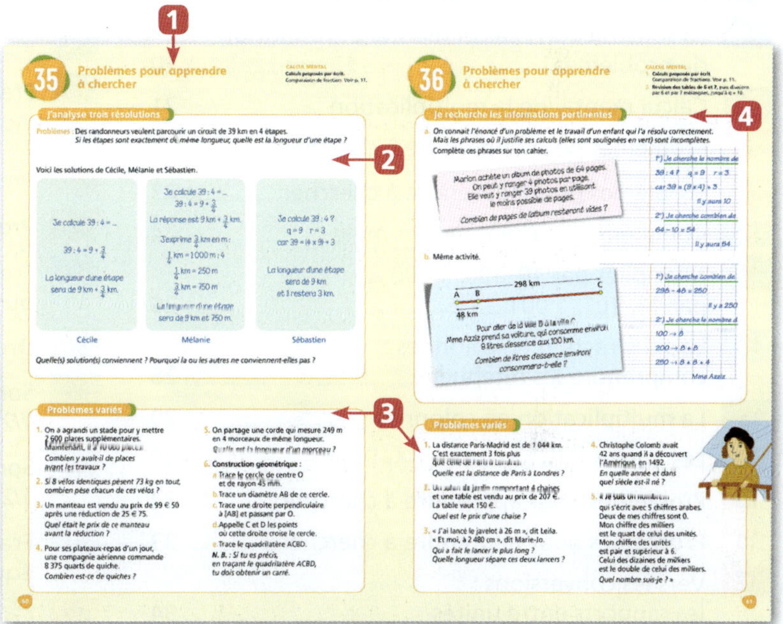

1 **Les problèmes pour apprendre à chercher** reviennent régulièrement dans ton manuel.

2 Ici, sont présentées **3 façons différentes de résoudre un problème**. À toi de trouver les erreurs et la méthode la plus efficace !

3 Dans cette rubrique, pense à utiliser toutes les stratégies que tu as apprises dans les séquences précédentes pour pouvoir **résoudre des problèmes**.

4 Tu **apprends ici à chercher et à trier des informations pertinentes** dans l'énoncé (texte, schéma, tableau...). Ce sont elles qui te permettront de résoudre cet exercice !

N'oublie pas ton cahier d'activités où tu vas devoir réaliser certains exercices et récupérer ton matériel à découper !

Ton manuel est organisé en 4 périodes (tu les repères grâce à leur couleur : rouge, orange, vert et bleu). À la fin de chaque période, un bilan te permet de revoir les notions apprises.

Sommaire

Pages où sont introduites les notions* en :
Nombres et calculs **Espace et géométrie** **Grandeurs et mesures**
Problèmes pour apprendre à chercher

1re période

2e période

* *Chaque séquence propose également des activités de réinvestissement des notions précédemment découvertes.*

3e période

4e période

Utiliser un logiciel de programmation :
www.japprendslesmaths.fr

Progression par domaine

NB : Les numéros renvoient aux séquences et une même séquence peut apparaitre dans plusieurs rubriques.

Nombres et calculs

Nombres, opérations et écritures

Représenter et ordonner les entiers
- Numération décimale — 1, 3, 4, 5, 22
- Écritures additives (numération égyptienne et romaine) — 4, 5, 9
- Lignes graduées et graphiques — 27, 44, 103, 107

Représenter et ordonner les décimaux
- Écritures fractionnaires — 32 à 35
- Écritures « à virgule » — 56 à 59
- Lignes graduées et graphiques — 48, 58, 59

Addition et soustraction
- La soustraction — 6
- Lien entre addition et soustraction — 29
- Addition et soustraction de décimaux — 67

Multiplication
- Calcul de multiplications — 7
- Lien entre multiplication et division* — 29
- Décimal $\times n$ — 70, 73 à 75, 108, 115, 116

Division
- La division $a : b$? (sens quotition et partition) — 18
- Lien entre multiplication et division* — 29
- La division a / b ou $a : b =$ — 32 à 35
- La division pour chercher une moyenne — 82, 97, 102

Fractions et décimaux
- Écritures fractionnaires (« *a* divisé par *b* » et « *a* fois *1 b*ième ») — 32, 33, 34, 35
- Lien entre division et fraction — 32, 33, 34
- Fractions décimales équivalentes — 33, 41
- Fractions <, = ou > 1 — 37
- Comparer et ordonner des fractions — 37, 40, 47
- Somme de fractions décimales — 39, 40, 45, 47
- Écrire un décimal avec la virgule — 56 à 59
- Situer un décimal par des encadrements successifs :
  - – écritures fractionnaires — 48
  - – écritures « à virgule » — 58, 59
- Décimaux et système métrique — 65, 66, 95, 100, 111
- Approximations par excès, par défaut — 79
- Quotient décimal d'une division — 80, 81, 83, 85, 86
- Échelles — 98, 117
- Écritures du type $a / b \times c$ — 114, 115, 116

Proportionnalité
- Proportionnalité et non-proportionnalité — 92
- Situations de comparaison et retour à l'unité — 92, 94
- Différents modes de calcul — 68, 77, 99, 104, 106
- Conversions (voir la rubrique Mesures)

Les stratégies de calcul

L'addition
- Le calcul approché pour contrôler un calcul — 101

La soustraction
- Calcul mental et résolution de problèmes — 6
- Compléments à 100, 1 000, 10 000, etc. — 10

La multiplication
- Choisir un ordre de calcul : $(a \times b) \times c = a \times (b \times c)$ — 7
- Multiplier n par 10, 20, 30…, 100, 200, 300… — 11
- Multiplier par 11, 101, 1 001,… 99, 999, 21, 31,… — 11
- Multiplication en ligne (47×19) — 11
- Multiplier un décimal par 10, 100, 1 000 — 73, 74
- Le calcul approché pour contrôler un calcul — 101
- 0,5 fois n, 1,5 fois n… 10,5 fois n — 108
- $0{,}5 \times n$, $0{,}25 \times n$… $0{,}125 \times n$ — 116

La division
- Division-partition (q, r) par $n < 10$ — 18, 19
- Division-quotition (par $n < 10$; n = 10, 25, 100,…) — 18, 20
- Division (q, r) par 10, 100, 1 000 — 22
- Estimer le quotient d'une division-quotition — 20, 49
- Division d'un décimal par 10, 100, 1 000 — 73, 74
- Calcul mental de divisions par 2 et par 4 — 83

Les techniques opératoires

Avec les entiers
- Addition — 5
- Soustraction — 12
- Multiplication — 13
- Division (q, r) par un nombre à 1 chiffre — 19
- Division (q, r) par un nombre à 2 chiffres — 62, 72

Avec les décimaux
- Addition et soustraction — 67
- Multiplication d'un décimal par un entier — 70, 75
- Quotient décimal d'une division — 80, 81, 83, 85, 86

Problèmes pour apprendre à chercher

Problèmes dits de multiplication
- $(a \times b) - (c \times b) = (a - c) \times b$ — 15
- $a \times b \times c$ — 16
- « *n* fois plus que » — 23
- $(a \times b) - c$ et $(a - b) \times c$ — 24

Problèmes dits de division
- Partition (« n fois moins que… ») — 23
- Quotition (« combien de fois *b* dans *a* ? ») — 36, 112
- Partition (*partage équitable, quotient décimal*) — 35, 86
- Calcul de moyennes — 97
- Partition (rechercher la valeur de l'unité) — 105

Problèmes de proportionnalité
- Différents modes de calcul — 68, 77, 105, 106

Divers
- Problèmes géométriques — 8, 78, 86, 87
- La numération romaine — 9
- Associer énoncé et série de calculs — 16, 24, 36, 112
- Aires — 43, 52, 60, 86, 87, 113
- Tableaux et graphiques — 44
- Horaires et durées — 51, 61, 69
- Pourcentages — 68, 77
- Échelles — 98

** Voir aussi les conversions dans la rubrique Grandeurs et mesures*

Espace et géométrie

Grandeurs et mesures

Calcul mental

Ajouter

Soustraire

Multiplier

Diviser

Comparer

Décomposer

Convertir

Les activités de calcul mental

En haut et à droite des pages du présent manuel, pour chaque séquence, nous proposons des activités de calcul mental. Rappelons que celles-ci sont étroitement liées à la progression d'ensemble et jouent un rôle essentiel dans le progrès des élèves.

Parfois les indications données suffisent à définir les calculs demandés. Mais le plus souvent, nous renvoyons aux quatre pages ci-après pour des précisions importantes.

Pour chaque activité, dans le sous-titre, nous n'indiquons que le numéro de la séquence dans laquelle elle est proposée la première fois.

2 Tables de multiplication

Nous avons choisi la formulation suivante des tables : pour la table de 3 par exemple, « 3 fois 1, 3 fois 2, 3 fois 3, 3 fois 4,… ». C'est en effet celle qui favorise le mieux l'usage des repères 5 et 10 et, donc, la mémorisation.

Dans un premier temps, pour que les élèves mémorisent bien les tables, ils doivent d'abord remarquer que, dans la table de 5, les nombres vont de 5 en 5 (5, 10, 15, 20, 25…), que, dans celle de 3, les nombres vont de 3 en 3 (3, 6, 9, 12,…), etc. Il convient ensuite de les amener à utiliser les repères « *n* fois 5 » et « *n* fois 10 ». Ainsi, « 4 fois 6 », c'est juste après « 4 fois 5 » : après 20 c'est 24 ; « 4 fois 9 », c'est juste avant « 4 fois 10 », avant 40 c'est 36. C'est pour faciliter ce raisonnement que l'on commence la révision des tables par celle de 5 : « 5 fois 9 », c'est juste avant « 5 fois 10 » : avant 50 c'est 45. La structure des tables présentées en fin du manuel et du fichier d'activités facilite aussi ce repérage.

Dans la révision des tables au CM2, nous privilégions les trois activités décrites ci-après.

1. Le jeu du furet. L'enseignant(e) annonce sur quelle table il va interroger (par exemple, celle de 4) et demande successivement à des enfants, par exemple :

Enseignant : « Luc » ; Luc : « 4 fois 1, 4 ».

Enseignant : « Sophie » ; Sophie : « 4 fois 2, 8 ».

Enseignant : « Tidiane » ; Tidiane : « 4 fois 3, 12 ». Etc.

Il est important que chacun énonce le produit et son résultat. Quand un élève a atteint « 4 fois 10, 40 », on continue en redescendant vers « 4 fois 1 ».

2. Interrogation dans le désordre. L'enseignant(e) propose les cas de la table, mais en les énonçant dans le désordre. Il demande par exemple successivement : « 4 fois 6 ? », « 4 fois 2 ? », « 4 fois 5 ? », etc. Les élèves écrivent sur l'ardoise le résultat correspondant.

3. *« 28, c'est 4 fois combien ? »* L'enseignant(e) propose successivement divers résultats d'une même table dans le désordre et, pour chaque résultat, les élèves doivent écrire sur l'ardoise le produit correspondant : 4 fois 7 (ou 4 × 7). Il s'agit, en quelque sorte, de l'activité précédente à l'envers. En limitant les associations erronées, cette tâche facilite la mémorisation.

Dès la sq 5 apparait une 4e activité : interrogation sur des cas mélangés provenant de tables déjà révisées, par exemple : 3 fois 9 ?, 4 fois 6 ?, 4 fois 9 ?, 3 fois 8 ?, etc.

4 Dictée de grands nombres

L'enseignant énonce un grand nombre (il comporte par exemple des centaines de milliers ou des millions, voire des milliards) ; les élèves doivent l'écrire sur leur cahier ou sur l'ardoise. On corrige aussitôt chaque cas au tableau. Les élèves sont conduits à utiliser la méthode enseignée dans la sq 3. L'enseignant privilégie les cas qui obligent à écrire des zéros pour les ordres de grandeur non énoncés, comme « dix-sept-millions-trois-mille-vingt », « six-millions-cent-quarante-huit », etc.

6 Soustractions *a* – *b* (*a* < 100)

Les cas sont du type 52–37 (deux nombres à deux chiffres) ou 63–8 (le petit nombre n'a qu'un chiffre). Si nécessaire, on pourra aussi proposer divers cas du répertoire de base, ceux qui interviennent dans le calcul des soustractions en colonnes, comme 9–3, 12–5, 7–0, etc. Si on le fait, il est bon de proposer également quelques cas « impossibles », tels que 3–9 ou 0–4, que l'on rencontre dans la disposition en colonnes en cas de retenue. On privilégiera les 3 stratégies suivantes :

- **Calcul « en reculant ».** Pour 63–8 par exemple, il est pertinent de retirer d'abord 3 (pour s'arrêter à 60), puis 5.
- **Calcul « en avançant ».** Pour 52–37 par exemple, il est pertinent de chercher le complément : pour aller de 37 à 40, il y a 3 et il y a encore 12 pour aller à 52.
- **Appui sur le répertoire additif.** Pour 51–25 par exemple, on s'appuie sur 25+25 = 50.

8 « 40 fois 6 », « 3 fois 80 »,…

Il s'agit de comprendre que, pour calculer 3 fois 80 par exemple, on utilise 3 fois 8, 24, mais le résultat est un nombre de dizaines : 240. Dans le cas de 40 fois 6, on sait que le résultat est aussi celui de 6 fois 40 (on est alors ramené au cas précédent), mais on peut aussi utiliser la décomposition : $40 \times 6 = 4 \times 10 \times 6$. On conclut que « 40 fois 6 » c'est comme « 4 fois 6, 24 », mais le résultat est 10 fois plus grand, c'est 240.

11 Compléments à 100 et à 1 000

L'enseignant écrit un nombre, 42 par exemple, et demande le complément à 100 (le fait d'écrire le premier nombre aide les élèves à maintenir les données en mémoire). Les élèves sont incités à utiliser la procédure revue dans la sq 10 : avec 60, ça dépasserait 100, c'est moins de 60, c'est cinquante… huit. Les premiers cas de compléments à 1 000 sont faciles (360, 850,…). On peut ensuite aborder les cas plus difficiles en association avec des cas faciles (360 puis 367 ; 850 puis 852, etc.).

17 Multiples de 25 et de 250

L'enseignant demande par exemple : « 175 est-il un multiple de 25 ou non ? ». Les élèves doivent répondre 175 = 25 × 7. Dans les cas où il faut répondre « non », ils écrivent seulement « N ». On fait alors expliciter de façon orale et informelle la décomposition $a = bq + r$. Pour les deux sortes de cas (multiples de 25 et multiples de 250), le quotient est ≤ 12. Au besoin, on revoit les cas repères : 100 c'est 4 fois 25, 200 c'est 8 fois 25, 300 c'est 12 fois 25, à partir desquels on trouve aisément les cas intermédiaires (pour 175, on sait que c'est le multiple de 25 juste avant 200, c'est 7 fois 25). Même démarche pour les multiples de 250.

18 Rapports entre unités de longueur

Il s'agit de rendre aisément disponibles les connaissances construites dans la sq 17. L'enseignant demande par exemple : « 1 km, c'est combien de dam ? », « 1 dm, c'est combien de cm ? », etc. On reste toujours d'un même côté du mètre (on ne propose pas par exemple : « 1 dam, c'est combien de dm ? », cas qui seront abordés en fin d'année). Les élèves sont invités à s'imaginer le tableau des unités de longueur de la sq 17 et à se demander : les deux unités (km et dam par exemple) sont-elles contigües (le rapport est 10) ou saute-t-on une unité (le rapport est 100) ou deux unités (le rapport est 1 000) ?

19 Divisions par n < 10 (dans les tables)

Il s'agit de comprendre que, dans les divisions du type 26 : 3 ?, plutôt que de chercher « en 26, combien de fois 3 ? », il est plus facile de s'imaginer qu'on a déjà réalisé le partage de 26 en 3 parts égales et de se demander « 3 fois combien font 26 ? ». De ce fait, cela revient à utiliser la table de multiplication par 3 et à situer 26 dans la suite des résultats de cette table. Ici, 26 est après 3 fois 8, 24, ce qui conduit à $q = 8$ et $r = 2$. C'est pourquoi il est bon de revoir préalablement la table du nombre qui est ensuite mobilisé comme diviseur. Dans toutes ces divisions, $q < 10$.

22 Conversions (longueurs)

L'enseignant propose une longueur (23 hm par exemple) et demande de l'exprimer dans une autre unité, plus petite (en dam par exemple). Les élèves sont amenés à mettre en œuvre la procédure utilisée dans la sq 21 : il y a plus de dam, il y en a 10 fois plus (on n'utilise pas de tableau de conversion). Là encore, on reste toujours d'un même côté du mètre.

23 Conversions (durées)

On propose seulement des cas faciles où la conversion se fait dans une unité plus petite et où les deux unités sont contigües. Par exemple : 9 semaines, c'est combien de jours ? 8 h, c'est combien de min ? 5 min, c'est combien de s ? 4 jours, c'est combien d'heures ? On peut aussi introduire des cas tels que « 6 mois, c'est combien de jours ? » (on décide alors avec les élèves d'utiliser le facteur 30). Les nombres sont choisis de sorte que les multiplications soient faciles :

- dans les multiplications par 7, le premier nombre ne dépasse pas 10 ou est 20, 30 , 40,... ;
- dans les multiplications par 30 et par 60, le premier nombre ne dépasse pas 12 ;
- quand on passe des jours aux heures, le nombre de jours ne dépasse pas 4.

32 « Je pense à un nombre... »

On reprend le jeu introduit dans la sq 29.

La difficulté de la tâche dépend des ordres de grandeur respectifs des nombres. Par exemple : « Je pense à un nombre, j'ajoute 4 et j'obtiens 42 » est assez facile parce que la relation « 38 et 4, 42 » vient presque immédiatement à l'esprit et on n'a même pas besoin d'utiliser une soustraction pour résoudre ce problème d'ajout. En revanche, le problème : « Je pense à un nombre, j'ajoute 38 et j'obtiens 42 » conduit le plus souvent à calculer 42 – 38 (qui se calcule « en avançant »).

Quand l'énoncé utilise « je retire... », le calcul qui permet de retrouver le nombre pensé doit être une somme que les élèves peuvent déterminer mentalement, comme, par exemple, une somme du type 57 + 35 (deux nombres de deux chiffres quelconques). On revoit alors que 57 + 35 c'est « 57 et 30... 87 et encore 5, 92 » (on ajoute les dizaines puis les unités du second nombre).

Quand l'énoncé utilise « je le multiplie par... », il faut donc calculer une division. Soit le nombre à diviser est un résultat de tables, soit le problème est du type « je le multiplie par 37 et j'obtiens 3 700 » (la décomposition multiplicative utilisée est assez évidente).

Dans tous les cas, les élèves qui en auraient besoin peuvent utiliser des schémas de même sorte que ceux de la sq 29 (disposition des nombres sur une droite numérique).

Sq 73, pour préparer la leçon sur la multiplication et la division d'un nombre décimal par 10, on présentera aussi des cas que les élèves savent déjà traiter : « je pense à un nombre, je le multiplie par 10 et j'obtiens 780 » ; « je pense à un nombre, je le divise par 10 et j'obtiens 39 ».

Sq 85 et suivantes, l'enseignant peut proposer des énoncés du type : « je pense à un nombre, je le divise par 10 et j'obtiens 13,9 » ; « je pense à un nombre, je le divise par 100 et j'obtiens 78,63 » ; et, évidemment, des cas de multiplications par 10 et 100 : « je pense à un nombre, je le multiplie par 10 et j'obtiens 47,65 ». Les premiers exemples permettent de revoir que 139 : 10 = 13,9.

35 Comparaisons de fractions

L'enseignant écrit au tableau deux fractions. Les élèves les recopient en insérant entre elles le signe qui convient : <, = ou >. Les élèves sont incités à s'appuyer sur les équivalences-repères établies dans la sq 33 (les comparaisons demandées sont du même type que celles de cette sq). En cas de besoin, l'enseignant permet aux élèves d'utiliser des représentations spatiales similaires (carrés quadrillés) affichées au tableau.

À partir de la sq 42, la tâche est étendue aux millièmes. On privilégie alors des cas où l'on compare par exemple 4/10 et 392/1 000 (dixièmes et millièmes), 54/100 et 536/1 000 (centièmes et millièmes). Il est bon de proposer aussi quelques cas qui conduisent à comparer 1/2, 1/4 et 3/4 avec des dixièmes, des centièmes (comme dans la sq 35) et des millièmes.

À partir de la sq 44, l'enseignant propose plutôt des cas du type 2/10 + 4/100 ... 239/1 000 où l'on compare une somme de dixièmes et de centièmes à une fraction exprimée en millièmes.

Dans la sq 47, l'enseignant propose des cas du type 2/10 + 4/100 + 9/1 000 ... 251/1 000 qui préparent à la tâche de décomposition canonique introduite dans la sq 48.

41 Sommes de fractions

L'enseignant écrit au tableau une addition de deux fractions < 1. Les élèves écrivent le résultat. Les cas proposés permettent de sommer des 1/2, des 1/4 et 3/4, des dixièmes et des centièmes. Pratiquement un cas sur deux est du type 3/10 + 9/100 = … Le résultat est tantôt < 1, tantôt = 1, tantôt > 1. Ces trois sortes de cas sont distingués avec les élèves.

48 Décomposer « *n* millièmes »

L'enseignant énonce une fraction exprimée en millièmes, « 647 millièmes » par exemple. Les élèves doivent produire la décomposition canonique sous la forme : 6/10 + 4/100 + 7/1 000. On n'oubliera pas de proposer aussi des cas du type « 607 millièmes » (pas de centièmes) et « 47 millièmes » (pas de dixièmes). Cette tâche prépare notamment les élèves à gérer les écritures des encadrements dans le jeu du nombre-cible où ils devront passer d'une fraction donnée oralement à sa décomposition écrite.

49 Jeu du nombre-cible

Le jeu est décrit dans le manuel sq 48, p. 76. Les élèves sont amenés à situer un nombre fractionnaire < 100 entre deux dizaines successives, puis entre deux unités successives, puis entre deux dixièmes successifs, etc. Dans un premier temps, l'enseignant peut aider les élèves à gérer, sur leur cahier, les demi-droites graduées successives qui permettent de cerner le nombre-cible en les traçant au tableau et en demandant à un élève de venir les utiliser pour situer de plus en plus précisément le nombre-cible. Dès que possible, l'enseignant fera expliciter quelle méthode on peut suivre pour questionner efficacement le maitre.

À partir de la sq 53, le nombre-cible est précis au 1/10 000 près.

À partir de la sq 60, le jeu se déroule en utilisant les écritures « à virgule » à la place des écritures fractionnaires. Le nombre-cible comporte des millièmes ou des dix-millièmes. Là encore, à l'oral, on s'exprime toujours de façon à préciser la taille des unités qui apparaissent après la virgule, par exemple : « Le nombre-cible est-il compris entre 32 plus 48 centièmes et 32 plus 485 millièmes ? ».

54 Conversions de mesures (aires)

L'enseignant écrit au tableau une mesure d'aire, 482 dm^2 par exemple. Les élèves doivent écrire cette mesure en utilisant une autre unité, plus grande ou plus petite (m^2, cm^2 ou mm^2), que l'enseignant décide. Les élèves sont amenés à mobiliser le raisonnement habituel, par exemple si on convertit 482 dm^2 en cm^2 : « j'imagine les cm^2 dans les dm^2, il y en a plus, 100 fois plus, je multiplie par 100… ». La validation de la réponse peut s'appuyer sur un affichage reprenant l'illustration de l'activité 4 de la sq 53 (si possible, on présente alors un m^2 entier), qui permet, en cas de besoin, de reconstruire les rapports entre unités d'aires.

58 Dictée de nombres décimaux

L'enseignant énonce un nombre décimal. Les élèves doivent l'écrire en utilisant le système de la virgule. On propose évidemment des exemples du type « trois virgule vingt-quatre centièmes » et « cinq virgule huit dixièmes », qui sont faciles, mais on privilégie les exemples où on doit écrire un ou deux zéros tels que : « sept virgule deux centièmes », « treize centièmes », « neuf centièmes », « cinq dixièmes », etc.

À partir de la sq 65, les nombres dictés comportent des millièmes. Là encore, on privilégie les exemples qui exigent d'écrire un, deux ou trois zéros (comme « trois millièmes »).

67 Sens des chiffres dans une mesure décimale (longueurs et aires)

L'enseignant écrit au tableau une mesure décimale, tantôt de longueur, tantôt d'aire : 2,57 hm ; 13,825 dm^2, etc. Pour chaque mesure, il interroge les élèves sur le sens de l'un des chiffres de cette écriture.

S'agissant des mesures de longueur, l'exercice est facile : il suffit de visualiser la liste des unités de longueur depuis le km jusqu'au mm et de faire correspondre le chiffre des unités avec l'unité utilisée (2 hm pour 2,57 hm par exemple) pour savoir ce que représentent les autres chiffres (le 5 représente des dixièmes d'hm soit des dam ; le 7 représente des centièmes d'hm soit des m).

La tâche est plus difficile dans le cas des mesures d'aires, car il faut se rappeler que les unités d'aires vont de 100 en 100 et que, par conséquent, dans 13,825 dm^2, c'est le 2 et non le 8 qui représente des cm^2, c'est-à-dire des centièmes de dm^2 (le 8, qui représente des dixièmes de dm^2, indique *le nombre de dizaines de cm*^{2}). C'est aussi pourquoi le 5, qui représente des millièmes de dm^2, représente des *dizaines de mm*^{2}. Cela apparait avec plus d'évidence si l'on écrit un zéro supplémentaire après le 5 pour représenter les dix-millièmes de dm^2.

68 Divisions par 3 (4, 5, 6…) puis divisions par 30 (40, 50, 60…)

Dans la sq 20, les élèves ont découvert que, par exemple, le quotient de 258 : 30 ? est le même que celui de 25 : 3 ?. Dans divers entretiens écrits consécutifs, ils ont mis en œuvre cette procédure. Dans le calcul mental de cette sq et dans les suivantes, on l'entraine plus systématiquement. En effet, dans la sq 72, on utilisera cette procédure pour approcher le quotient de divisions par des nombres à deux chiffres quelconques ; il sera alors nécessaire que les élèves puissent la mobiliser aisément. Chaque séance sur cet objectif se déroule ainsi :

1°) L'enseignant propose trois ou quatre divisions par 3 (4, 5, 6,…) avec $q < 10$, qu'il écrit au tableau. Ces divisions ont le plus souvent un reste non nul. Il s'agit principalement de réactiver le répertoire multiplicatif sur lequel repose la recherche du quotient.

2°) L'enseignant propose plusieurs divisions d'un nombre à 2 ou 3 chiffres par 30 (40, 50, 60,…), écrites au tableau. Là encore, $q < 10$ et, le plus souvent, $r > 0$. Sur les premiers cas, il fait expliciter la stratégie utilisée dans la sq 20.

Au besoin, on peut faciliter la mise en relation des deux sortes de divisions par des interrogations où l'on propose successivement les deux cas, comme 28 : 3 ? puis 284 : 30 ? ; 16 : 3 ? puis 167 : 30 ? ; 23 : 3 ? puis 235 : 3 ?, etc.

74 Multiplications et divisions d'un décimal par 10

Dans la continuité de la sq 73, l'enseignant propose des multiplications et des divisions d'un décimal par 10. Le calcul est écrit au tableau et les élèves doivent écrire le résultat. Les élèves sont amenés à mobiliser les raisonnements utilisés dans la sq 73 :

- Quand on multiplie un nombre décimal par 10, le chiffre des unités devient celui des dizaines, le chiffre des dixièmes devient celui des unités, etc.
- Quand on divise un nombre décimal par 10, le chiffre des unités devient celui des dixièmes,...

On n'hésite pas à proposer des cas du type 0,04 : 10 pour lesquels il faut écrire un nouveau 0 aux unités, celui qui est déjà écrit devenant celui des dixièmes.

À partir de la sq 75, on étend ces calculs à des multiplications et à des divisions par 100 et par 1 000. On propose, là aussi, des cas du type 23,4 × 1 000 (ou 0,04 : 100) qui obligent à écrire deux zéros après le 4 et à faire disparaitre la virgule. Il convient également d'insérer des exemples du type 0,007 × 100 qui conduisent à supprimer des zéros inutiles. Comme dans toutes les sq précédentes, les nombres sont oralisés en spécifiant la taille des unités après la virgule, par exemple pour 23,4 × 1 000 : « 23 virgule 4 dixièmes multiplié par 1 000 ».

83 Chercher la moitié de *n* pair

Il s'agit de chercher la moitié d'un nombre pair pour préparer la sq de ce jour (quotient décimal d'une division par 2 ou 4). Les élèves sont conduits à se rappeler, dès le début, que chercher la moitié d'un nombre, c'est le diviser par 2. On insiste tout particulièrement sur les divisions par 2 de nombres tels que 30, 50, 70 et 90, qui permettent de trouver ensuite plus aisément la moitié de nombres tels que 36, 52, 78, 94, dont le chiffre des dizaines est impair. Si nécessaire, on peut proposer des calculs successifs comme 50 : 2, puis 56 : 2 ; 70 : 2 puis 74 : 2 ; 30 : 2 puis 38 : 2... où le second calcul s'appuie sur le premier.

86 Diviser un entier par 2 ou par 4

On reprend les types de cas (et les procédures) abordés dans la sq 83 pour chercher le quotient décimal de la division d'un entier par 2 ou par 4. Dans les divisions par 2, les dividendes sont < 100. Dans les divisions par 4, ils sont ≤ 48. Les calculs sont écrits au tableau. Pour 27 : 4 = par exemple, l'enseignant énonce et fait énoncer « 27 divisé par 4 égale ». On commence toujours par calculer la division-fraction : « C'est 6 + 3/4 », puis on donne l'écriture à virgule équivalente : 6,75 (énoncé « 6 virgule 75 centièmes »).

89 Conversions de mesures décimales (longueurs, aires)

La tâche est identique à celle qui a été introduite dans la sq 54 avec les aires : l'enseignant écrit au tableau une mesure décimale de longueur ou d'aire (les unités sont alors comprises entre le mm^2 et le m^2) et indique dans quelle unité il faut exprimer cette mesure (pour les longueurs, on reste toujours d'un même côté du mètre). Plutôt que d'utiliser des tableaux de conversion, on reprend le raisonnement qui a été utilisé jusqu'ici. Si, par exemple, on convertit 1,3 cm^2 en dm^2 : « le dm^2 est plus grand, il y en a moins, 100 fois moins, je divise par 100... ». Si on convertit 0,175 km en hm : « l'hectomètre est plus petit que le kilomètre, il y en a plus, 10 fois plus, je multiplie par 10... ».

Cette tâche est riche car elle amène les élèves à gérer la différence entre le système des unités de longueur (le rapport entre deux unités contigües est 10 ou 1/10) et celui des aires (le rapport est 100 ou 1/100), à se représenter les grandeurs correspondantes et à mettre en œuvre la multiplication et la division d'un décimal par 10, 100, 1 000, 10 000.

À partir de la sq 97, on étend ces conversions à des mesures de contenances exprimées en litres, multiples et sous-multiples du litre (on mélange donc ces cas avec des mesures de longueur et d'aires). Pour faciliter les raisonnements et calculs des élèves, l'enseignant affiche la liste des unités sous une forme similaire à celle de la sq 95 ou invite les élèves à se servir de la page correspondante du manuel.

Concernant les longueurs, on introduit à ce moment les conversions qui nécessitent de franchir le m, par exemple : 32,085 dam = ... dm ou 1 648,27 dm = ... hm.

À partir de la sq 101, on ajoute aussi des conversions de mesures de masse exprimées dans les unités introduites dans la sq 100. Pour aider les élèves à réussir, l'enseignant affiche la liste de la sq 100 ou invite les élèves à se servir de la page correspondante du manuel.

109 Calculer 4,5 fois *n*

Il s'agit de mettre en œuvre la procédure découverte dans la sq 108 : « 4,5 fois 13, c'est 4 fois 13 plus 0,5 fois 13, c'est 4 fois 13 plus la moitié de 13 ». Le premier nombre se termine toujours par 5 dixièmes ; sa partie entière peut avoir un chiffre (y compris zéro) ou être égale à 10, 11, 12, 20, 30,... 100, 101, 200, etc. Le second nombre est facile à diviser par 2 : soit il s'agit d'un nombre entièrement écrit avec des chiffres pairs (comme 426), soit il fait partie des nombres dont les élèves ont cherché la moitié dans des entrainements antérieurs (voir sq 83 et suivantes). Dans tous les cas, les deux facteurs sont choisis pour rendre aisé un calcul oral.

112 Conversions en évoquant des tableaux

Même activité et mêmes types de cas qu'à la fin de la sq 111. On écrit par exemple 102,43 dL = ... hL. Les élèves recopient et complètent l'égalité. On les incite à se représenter la liste des unités de contenance et à « faire comme s'ils projetaient le tableau sur les chiffres » en prenant comme repère le chiffre des unités de la mesure initiale (2 dL). On mélange mesures de longueur, d'aire, de contenance et de masse. On peut traiter les premiers cas collectivement en reprenant la démarche de la sq 111.

On proposera des cas difficiles (il faut écrire des zéros supplémentaires à gauche des chiffres de la mesure initiale), mais après des premiers cas faciles.

Dans un premier temps, il peut être nécessaire d'afficher les tableaux d'unités (on évite évidemment que les élèves ne remplissent de tels tableaux). Dans les sq suivantes, on cherchera à ce que tous les élèves puissent progressivement se passer de ces affichages et sachent raisonner en utilisant une mentalisation des listes correspondantes.

1 La numération des grands nombres : unités simples, milliers, millions, milliards

CALCUL MENTAL
C'est ici que l'on trouvera les activités de calcul mental.
Nous renvoyons souvent pages 10 à 13 du manuel pour une présentation plus détaillée.

Je découvre

1 Rappelle-toi…
Quand Monsieur Cubus range ses cubes, dès qu'il a 10 cubes-unités, il les assemble et forme une barre-dizaine ; dès qu'il a 10 barres-dizaines, il les assemble et forme…
Combien y a-t-il de cubes-unités ici ? Écris ce nombre sur ton cahier.

Que représente chaque chiffre de ce nombre ?

2 *Combien y a-t-il de cubes-unités dans chacun de ces blocs ?*
Écris ces trois nombres. *Pour chacun, que représente chaque chiffre ?*

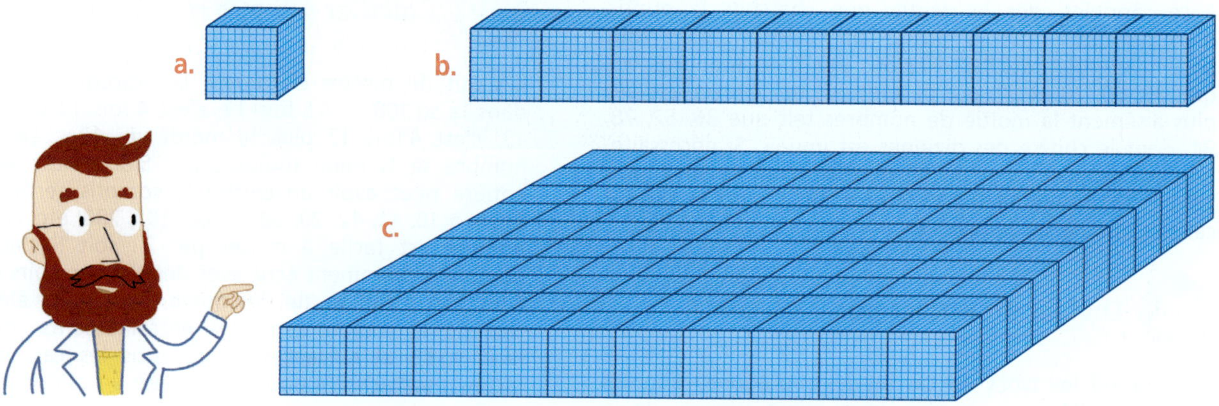

Combien y a-t-il de cubes-unités ici ? Que représente chaque chiffre de ce nombre ?

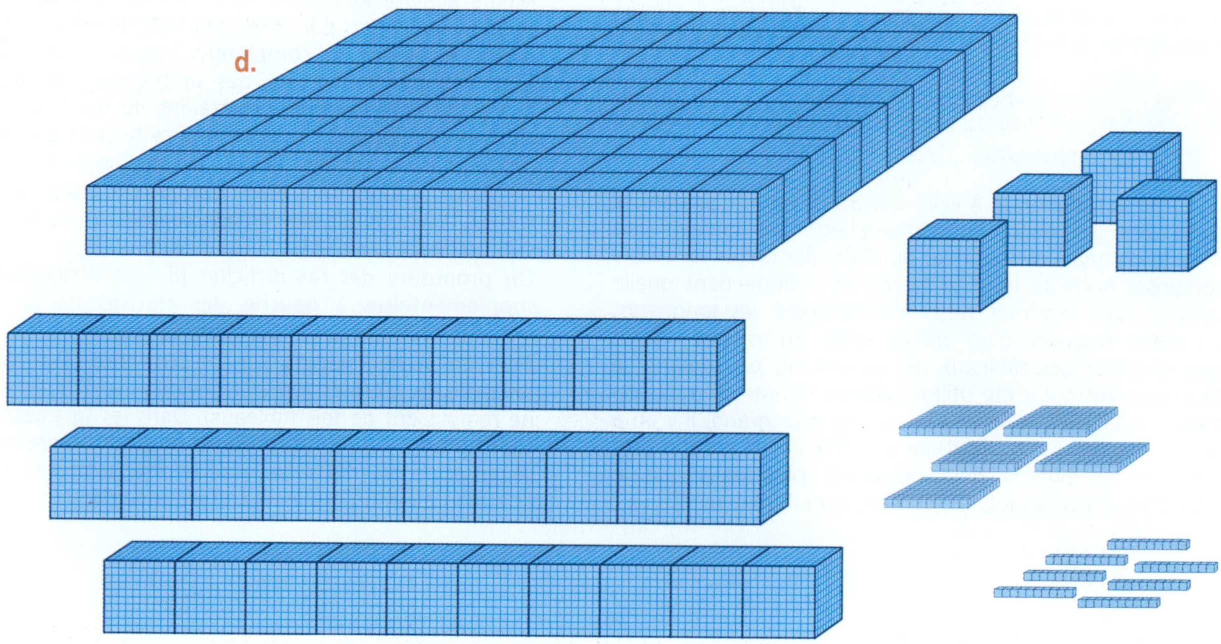

→ Sur le site compagnon www.japprendslesmaths.fr,
téléchargez la **synthèse des séquences du manuel** qui figurait en notes de bas de page des anciennes éditions.

3 *Combien y a-t-il de cubes-unités ici ?*

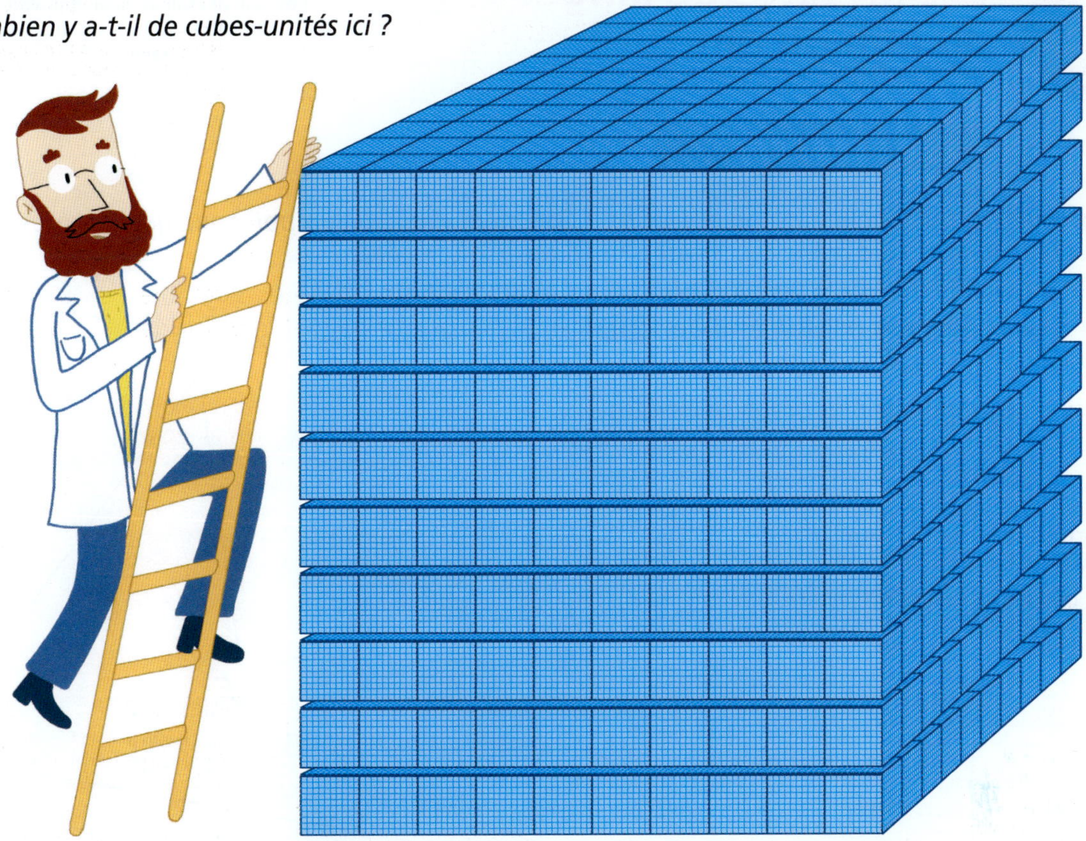

Que représente chaque chiffre de ce nombre ?

4 **➜ Cahier d'activités page 1**

5 Imagine et décris le matériel nécessaire pour représenter 423 708 065 cubes-unités, puis pour représenter 1 000 000 000 cubes-unités.

J'ai appris

Pour dire et écrire les nombres, on utilise :

- les unités simples, les unités de mille, les unités de millions, les unités de milliards, etc ;
- les dizaines d'unités simples, les dizaines de mille, les dizaines de millions, etc ;
- les centaines d'unités simples, les centaines de mille, les centaines de millions, etc.

Pour savoir ce que représentent les différents chiffres, on peut imaginer le nombre dans le tableau. *Par exemple, pour : 3204053008*

milliards			millions			milliers			unités simples		
c	d	u	c	d	u	c	d	u	c	d	u
		3	2	0	4	0	5	3	0	0	8

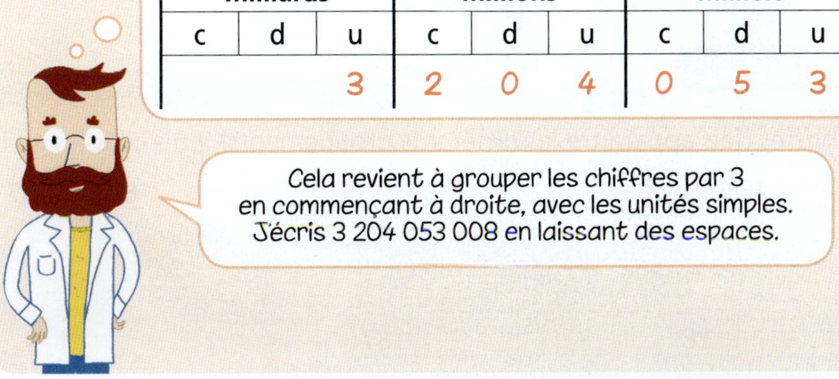

6 Recopie ces nombres en faisant apparaitre les différents groupements, puis écris-les en lettres.

600540 4080103 3740809005 802004071

2 Les mesures de longueur : du mm au dm

CALCUL MENTAL

Révision des tables de multiplication de 5 et 3.

1. Table de 5 : les trois activités décrites p. 10.
2. Idem avec la table de 3.

Je découvre

1 *En géométrie, qu'appelle-t-on un polygone ? Comment s'appelle un polygone qui a 3 côtés ? … un polygone qui a 4 côtés ? … 5 côtés ? … 6 côtés ? … 8 côtés ?*
Comment appellerais-tu le polygone ABCDEF ? Et le polygone GHJKL ?

Pour chacun des deux polygones ci-dessous :

a. Recopie, puis complète le tableau.

b. *Quel polygone a le plus grand périmètre ?*
Fais un pari, puis calcule les deux périmètres.

Segments	Longueur
[AB]	… mm
[FA]	… cm
…	43 mm
…	1 dm
[EF]	… mm
…	3 cm

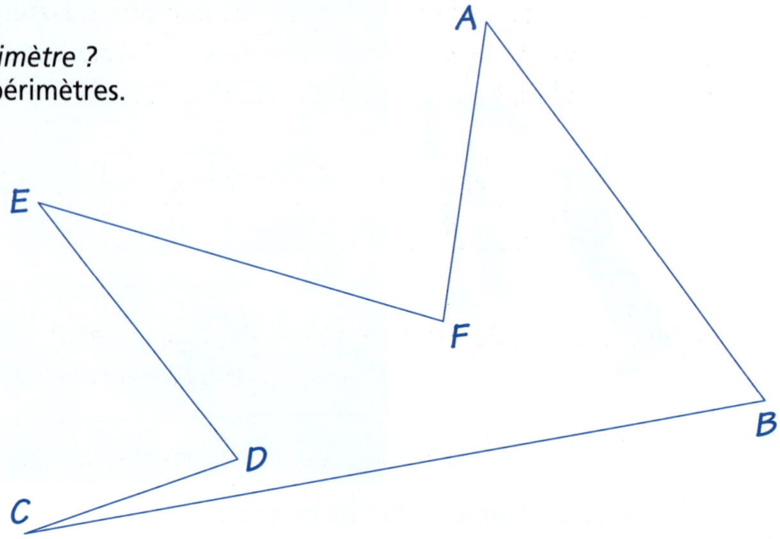

Segments	Longueur
[GH]	… mm
[KL]	… cm
…	7 cm
[JH]	… mm
[GL]	… mm

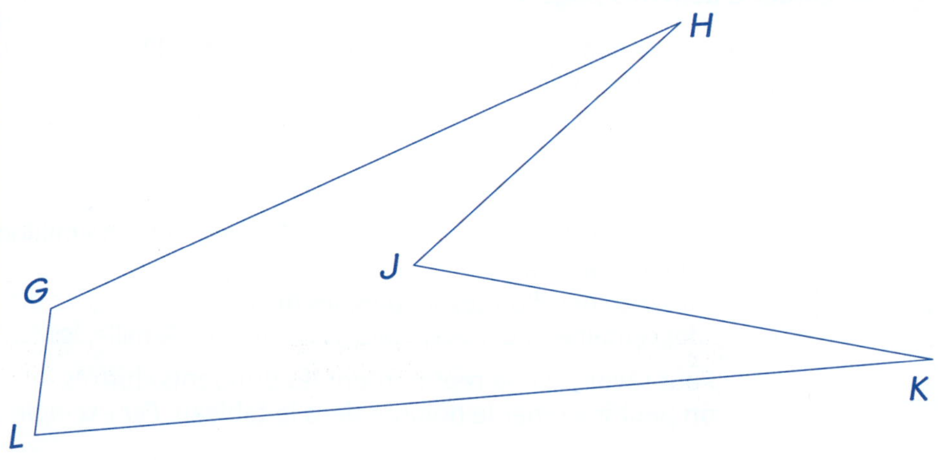

Je deviens performant

A Recopie ces nombres en chiffres (fais apparaitre les différents groupements), puis écris-les en lettres.

5100030 1640820009 9032006 607001807

B Le **compte** est bon

507	28	187	51
4 7 9 100	1 5 8 9	2 5 8 100	3 6 8 25

C → **Cahier d'activités page 1**

3 Écrire les grands nombres

CALCUL MENTAL

Révision des tables de multiplication de 5 et 4.

1. Table de 5 : les trois activités décrites p. 10.
2. Idem avec la table de 4.

Je découvre

1 En 2006, la France comptait soixante-deux-millions-treize-mille habitants.
Écris ce nombre en chiffres.

2 Tu vas apprendre à écrire les grands nombres, d'abord en recopiant un tableau, puis en l'imaginant.
Recopie le tableau ci-dessous et écris-y les nombres suivants :

Huit-cent-soixante-seize-mille-quatre-cents

Trois-cent-sept-millions-cinquante-huit-mille

Six-cent-quatre-vingt-dix-neuf-millions-vingt-sept

Soixante-et-un-milliards-deux-cent-quatre-mille-onze

milliards			millions			milliers			unités simples		
c	d	u	c	d	u	c	d	u	c	d	u

3 Mathieu et Mathilde n'ont pas besoin de recopier le tableau. Observe comment ils font.

Vingt-trois-millions-sept-mille-cinquante

La plus grande unité qu'on entend, c'est le million… et il y en a 23.

23 _ _ _ _ _ _

J'écris 23 : c'est les millions

…et je trace 6 traits pour les chiffres qui suivent.

On écrit ensuite les chiffres qu'on entend..

23 _ _ 7 _ 5 0

Puis on complète avec des 0.

23 007 050

Je commence comme Mathieu :

23 ___ ___

et j'écris directement les 6 chiffres qui suivent :

23 007 050

J'ai appris

Pour écrire des grands nombres en chiffres, je commence par chercher la plus grande unité utilisée : est-ce le milliard, le million ou le millier ?
Je sais ainsi combien de groupes de 3 chiffres il faut encore écrire.

4 Écris ces nombres en chiffres. Utilise la méthode de Mathilde ou celle de Mathieu.

Quatre-vingt-neuf-mille-cent-soixante

Deux-millions-cent-six-mille-trois

Cinq-cent-un-millions-trente-deux-mille

Sept-millions-neuf-cent-quatre-mille-un

Cinq-milliards-neuf

Soixante-seize-milliards-cinq-cent-mille

Trois-milliards-cent-sept-millions-vingt

Cent-millions-mille-dix

Soixante-et-un-millions-neuf-cent-trente-mille

Cent-six-milliards-soixante-dix-sept-mille-seize

4 Décomposer les grands nombres

CALCUL MENTAL
1. **Table de 6, puis de 7 :** les trois activités décrites p.10.
2. **Dictée de grands nombres**
Utilisation de la stratégie étudiée en sq 3.

Je découvre

1 Dans l'Antiquité, les Égyptiens n'écrivaient pas les nombres comme nous. Leurs chiffres étaient :

le trait : , le pont : , l'escargot : , le lotus : , le doigt : , le têtard : , le dieu : .

Les nombres ci-dessous sont traduits dans notre écriture.
Retrouve la signification de chaque chiffre égyptien et écris-la dans un tableau.

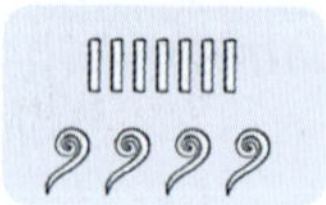
407

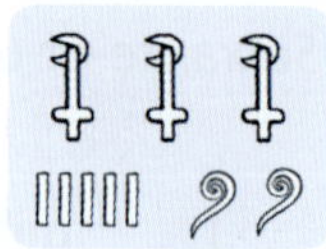
3 205

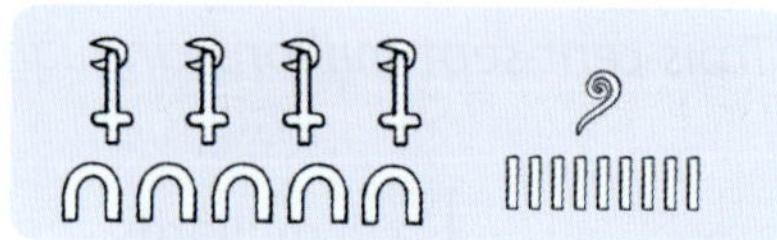
4 159

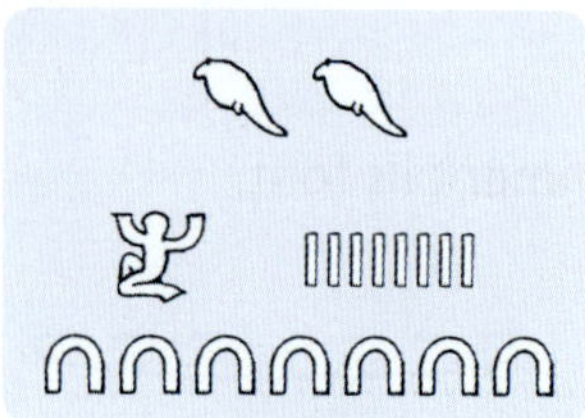
1 200 078

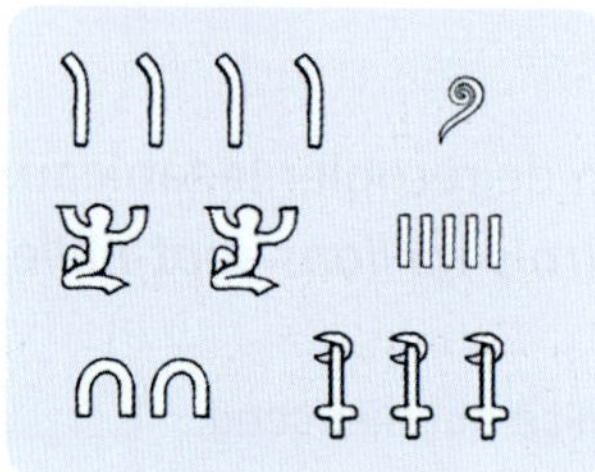
2 043 125

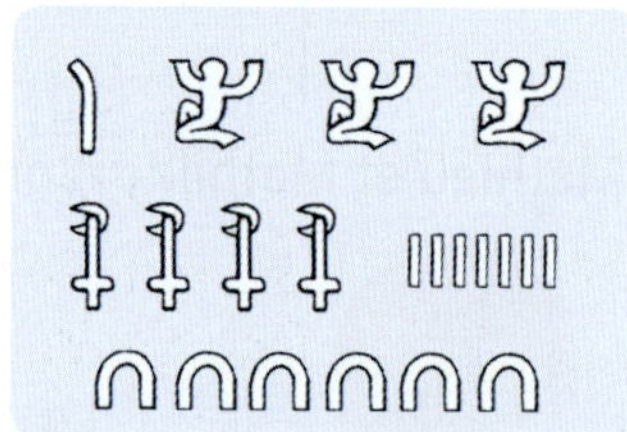
3 014 067

2 Traduis ces nombres.

a. 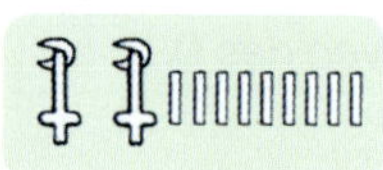
b. 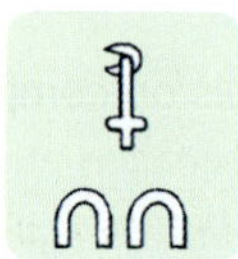
c. 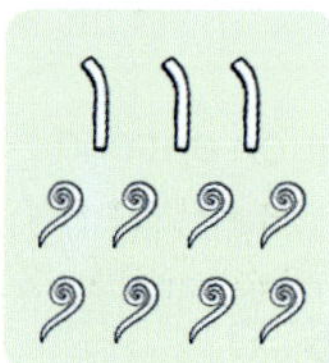
d. 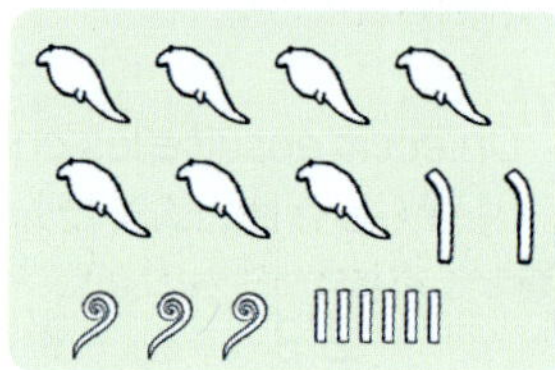
e. 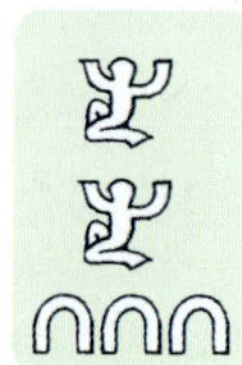

Écris 2 400 065 en utilisant les signes égyptiens.

3 On a décomposé ce même nombre : 2 400 065 = (2 × 1 000 000) + (4 × 100 000) + (6 × 10) + 5
Fais de même avec : 840 020 3 017 900 2 603 801 87 009

4 *Quels sont les nombres qui ont été décomposés ci-dessous ?*
(9 × 1 000 000) + (7 × 10 000) + (3 × 100) + (2 × 10)
(5 × 1 000 000 000) + (3 × 10 000) + (4 × 100)
(7 × 100 000 000) + (4 × 1 000) + (5 × 10)
(6 × 10 000 000) + (3 × 1 000) + 5
(5 × 10 000) + (9 × 1 000) + (3 × 100)
(3 × 100 000) + (1 × 100) + 4

Je deviens performant

A Recopie ces nombres en faisant apparaitre les différents groupements, puis écris-les en lettres.
6003400 940058 7001060 9204300002

B Écris en chiffres.
Dix-millions-trente-mille-deux
Six-cent-quatre-milliards-cent-trente
Trois-cent-cinquante-sept-mille-soixante-treize
Cinquante-millions-quatre

5 Addition de grands nombres : les retenues

CALCUL MENTAL
1. **Quelques produits des tables mélangées de 3 à 5.** Table de 6, puis de 7 : les 3 activités décrites p. 10.
2. **Dictée de grands nombres** (cf. sq 3)

Je découvre

1 a. Calcule la somme de ces trois nombres en raisonnant directement avec les chiffres égyptiens.

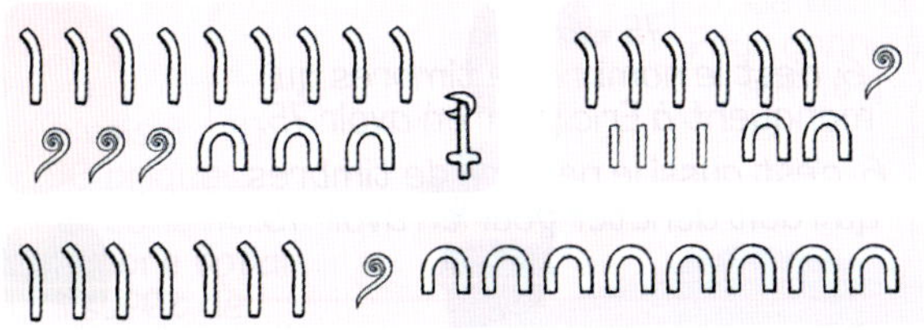

b. Fais de même avec ces deux nombres.

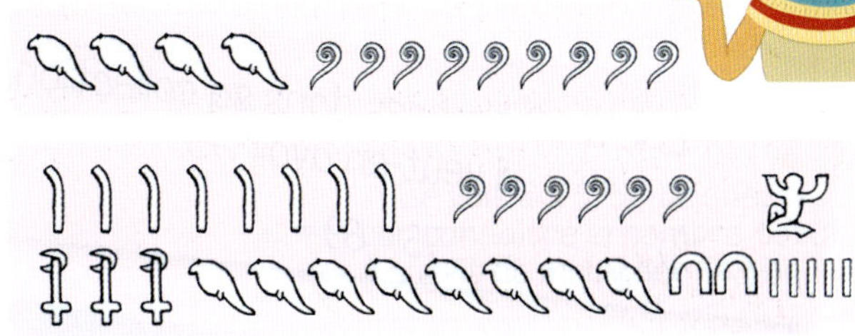

c. Vérifie tes calculs en posant les deux mêmes additions avec des chiffres arabes.

J'ai appris

18 dizaines, c'est 1 centaine et 8 dizaines.
18 dizaines de mille, c'est 1 centaine de mille et 8 dizaines de mille.

32 centaines, c'est 3 milliers et 2 centaines.
32 centaines de mille, c'est 3 millions et 2 centaines de mille.

2 Calcule (écris le résultat en chiffres).

Treize-mille + sept-mille
Cent-cinquante-mille + quarante-mille
Six-cent-mille + deux-cent-mille
Cent-six-millions + vingt-trois-millions
Vingt-deux-millions + trente-quatre-millions
Neuf-milliards + cinq-milliards

J'ai appris

Les calculs mentaux que je sais faire sur les unités simples, je sais aussi les faire sur les milliers, les millions et les milliards.

3 Recopie puis complète ces additions à trous.

	7	9	•	0	6	4
+		•	6	•	6	•
	•	0	1	4	•	2

	9	7	1	•	6	•
+		6	•	5	3	9
•	•	4	•	9	•	2

4 Le **nombre** mystérieux

Calcule les 3 additions de droite sur ton cahier.
Un des 4 nombres de gauche n'est pas le résultat d'un calcul… *Lequel ?*

486 232 | 3 423 042 | 4 864 742 | 4 359 052

509 543 + 2 867 992 + 45 507
559 + 485 673
3 758 084 + 600 968

Je deviens performant

A Recopie ces nombres en faisant apparaitre les différents groupements, puis écris-les en lettres.

90020078 705120 6300051009 9007042

B Écris en chiffres.

Huit-cent-trois-mille-neuf-cent-un
Trois-millions-cinq-mille-cent-quatre-vingts
Quatre-cent-deux-milliards-trois-cent-soixante-dix
Cinquante-millions-quatre-vingt-mille-trente

8 Problèmes pour apprendre à chercher

CALCUL MENTAL
1. **Quelques produits des tables mélangées de 3 à 5.**
2. **« 40 fois 6 », « 3 fois 80 »**, etc. Voir p. 10.
3. **Soustraction *a* – *b* avec *a* < 100.** Voir p. 10.

J'analyse trois résolutions

Voici les consignes d'un exercice de géométrie proposé dans un fichier de mathématiques :

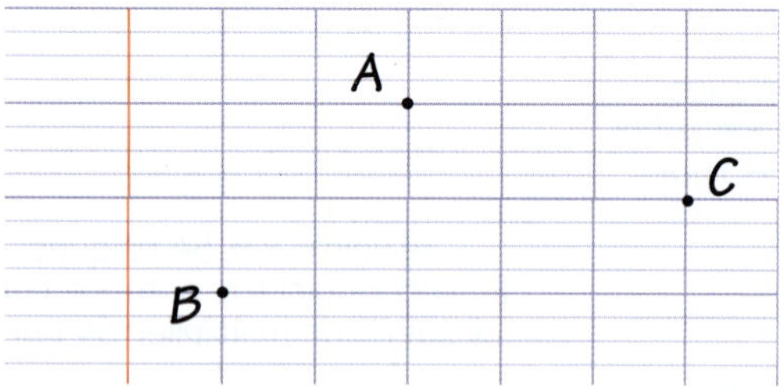

Construction géométrique :

a. Trace le triangle ABC.
b. Place le point M, milieu de [AC].
c. Joins le point M au sommet B du triangle ABC.
d. Trace le cercle de centre M et de rayon [AM].

Et voici les constructions de Sébastien, Mélanie et Cécile.
Pour évaluer leur travail, tu peux tracer cette construction sur ton cahier.

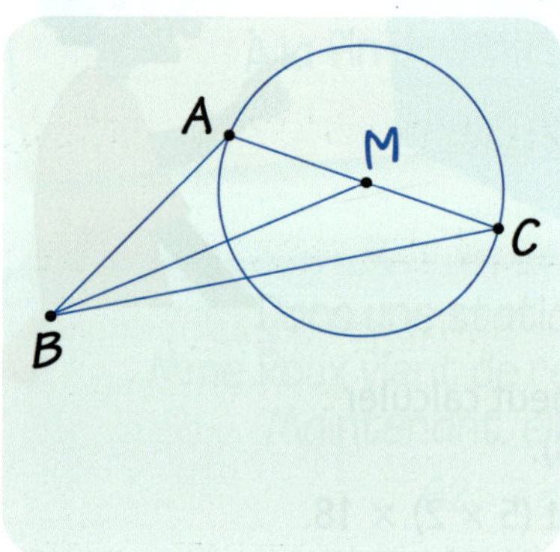

Sébastien

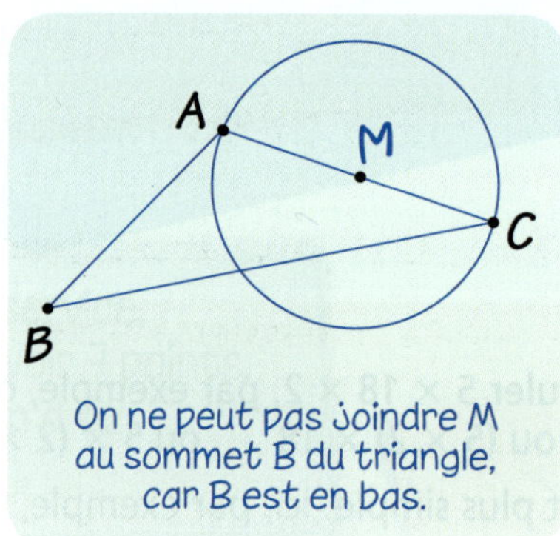

Mélanie

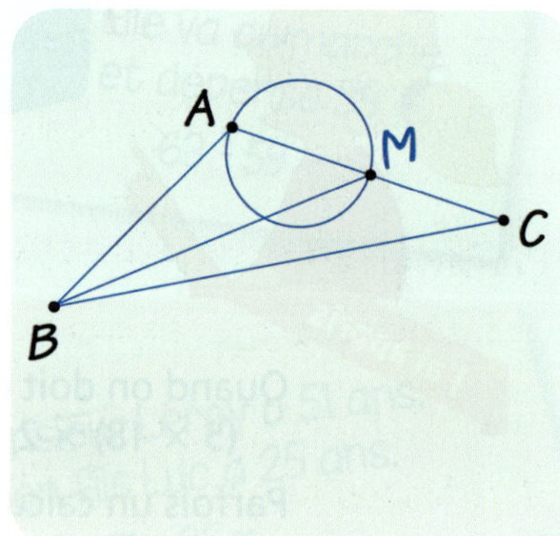

Cécile

Quelle(s) construction(s) conviennent ? Pourquoi la ou les autres ne conviennent-elles pas ?

Problèmes variés

Résous ces problèmes (tu peux faire un schéma, écrire une égalité ou expliquer ta solution).

1. *Combien de nombres de 3 chiffres peut-on écrire avec les chiffres 7, 4 et 5 en utilisant une seule fois chacun de ces chiffres ?*
Même question avec ces chiffres égyptiens : 𓏺, 𓆼 et 𓎆.

2. Construction géométrique :
a. Trace [AB] = 70 mm.
b. Place le point O, milieu de [AB].
c. Trace le cercle de centre O et de rayon [OA].
d. Place sur ce cercle un point C.
e. Trace (OC).

3. Pour le club de foot, M. Touré achète 4 ballons. Il paye avec un billet de 50 €. La caissière lui rend 2 €.
Combien coute un ballon ?

4. Dans la caisse d'un commerçant, il n'y a que des billets de 20 € et de 50 €. En tout, il y a 13 billets qui font 530 €.
Combien y a-t-il de billets de 20 € et de 50 € ?

5. Le périmètre d'un rectangle est 47 cm. Son grand côté mesure 15 cm.
Quelle est la longueur d'un petit côté de ce rectangle ?

9 Problèmes pour apprendre à chercher

CALCUL MENTAL
1. **Table de 6, puis de 7** : les 3 activités décrites p. 10, puis tables de 6 et 7 mélangées.
2. **Soustraction $a - b$ avec $a < 100$**. Voir p. 10.

Je recherche les informations pertinentes

Les Romains ont utilisé deux systèmes pour écrire les nombres : le système « ancien » et un système plus récent qui a fonctionné à partir du IVe siècle avant J.-C.
On utilise encore les chiffres romains pour noter les siècles et écrire les noms des rois de France.

a. Voici les dix premiers nombres écrits avec les deux systèmes :

Système ancien :

I	II	III	IIII	V	VI	VII	VIII	VIIII	X

Système récent :

I	II	III	IV	V	VI	VII	VIII	IX	X

… et les nombres de 31 à 40 :

Système ancien :

XXXI	XXXII	XXXIII	XXXIIII	XXXV	XXXVI	XXXVII	XXXVIII	XXXVIIII	XXXX

Système récent :

XXXI	XXXII	XXXIII	XXXIV	XXXV	XXXVI	XXXVII	XXXVIII	XXXIX	XL

Saurais-tu écrire les nombres 14 et 19 avec le système récent ? Et les nombres 44 et 49 ?

b. Voici les nombres de 82 à 90 :

Système ancien :

LXXXII	LXXXIII	LXXXIIII	LXXXV	LXXXVI	LXXXVII	LXXXVIII	LXXXVIIII	LXXXX

Système récent :

LXXXII	LXXXIII	LXXXIV	LXXXV	LXXXVI	LXXXVII	LXXXVIII	LXXXIX	XC

Saurais-tu écrire les nombres 94 et 99 avec le système récent ?

c. Dans les deux systèmes : C = 100 ; CC = 200 ; CCC = 300.
Saurais-tu écrire les nombres 144 et 299 avec le système récent ?

d. Écris ces nombres en chiffres arabes :
XLVI CLXIV CCXVI CCCLXXIX CCCXCIV CCXCVIII

e. Écris les nombres suivants en chiffres romains avec le système récent :
34 109 43 396 349 244

Problèmes variés

1. À chaque tour de roue, une bicyclette avance de 23 dm.
Elle a parcouru 184 dm.
Combien de tours de roue a-t-elle fait ?

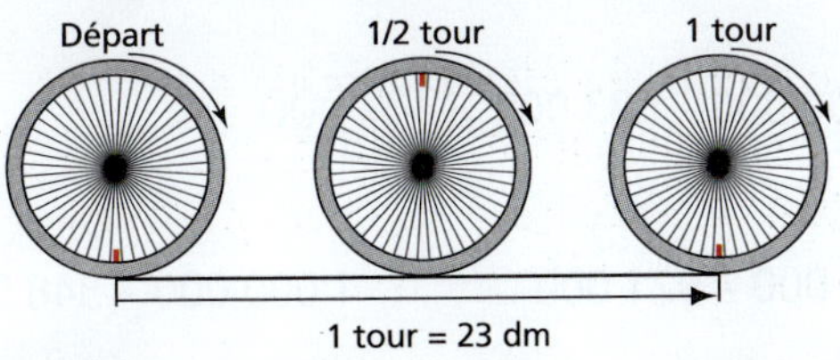

2. « Je suis un nombre…
qui s'écrit avec quatre chiffres arabes.
Mon chiffre des unités est 4.
Celui des dizaines est le double de celui des unités.
Celui des centaines est la moitié de celui des unités.
Celui des milliers est le triple de celui des centaines.
Quel nombre suis-je ? »

10 Compléments à cent, cent-mille…

CALCUL MENTAL

1. **Quelques produits des tables mélangées de 3 à 5.**
2. **« 40 fois 6 », « 3 fois 80 »**, etc. Voir p. 10.
3. **Tables de 6 et 7**. Idem sq 9.

Je découvre

1 Compléments à 100 et à 100 000

Mathilde et Mathieu calculent ces soustractions « en avançant ».

100 – 68 = …

100 – 68 = 32

100 000 – 57 000 = …

100 000 – 57 000 = 43 000

Calcule.

100 – 87   100 – 8   100 000 – 17 000   100 000 – 74 000

2 Compléments à 1 000 et à 1 000 000 (cas faciles)

1 000 – 240 = …

1 000 – 240 = 760

1 000 000 – 360 000 = …

1 000 000 – 360 000 = 640 000

Calcule.

1 000 – 530   1 000 – 410   1 000 000 – 920 000   1 000 000 – 590 000

3 Compléments à 1 000 et à 1 000 000 (cas difficiles)

1 000 – 759 = …

1 000 – 759 = 241

1 000 000 – 693 000 = …

1 000 000 – 693 000 = 307 000

Calcule.

1 000 – 235   1 000 – 817   1 000 000 – 921 000   1 000 000 – 348 000

4 Calcule.

100 – 22
100 – 46
100 000 – 69 000
100 000 – 38 000

1 000 – 190
1 000 – 840
1 000 000 – 410 000
1 000 000 – 720 000

1 000 – 458
1 000 – 663
1 000 000 – 735 000
1 000 000 – 344 000

Je deviens performant

A Pour chacun des deux triangles ci-dessous :

1. Recopie, puis complète le tableau.
2. Un des deux triangles est isocèle*. *Lequel ?*
3. *Quel triangle a le plus long périmètre ?* Fais un pari, puis calcule les deux périmètres.

** Un triangle isocèle est un triangle qui a deux côtés de même longueur.*

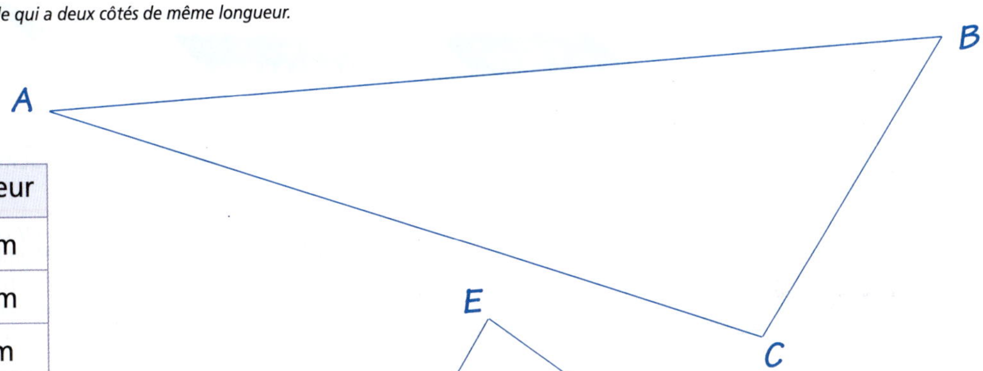

Segments	Longueur
[AB]	… mm
[BC]	… mm
[CA]	… dm

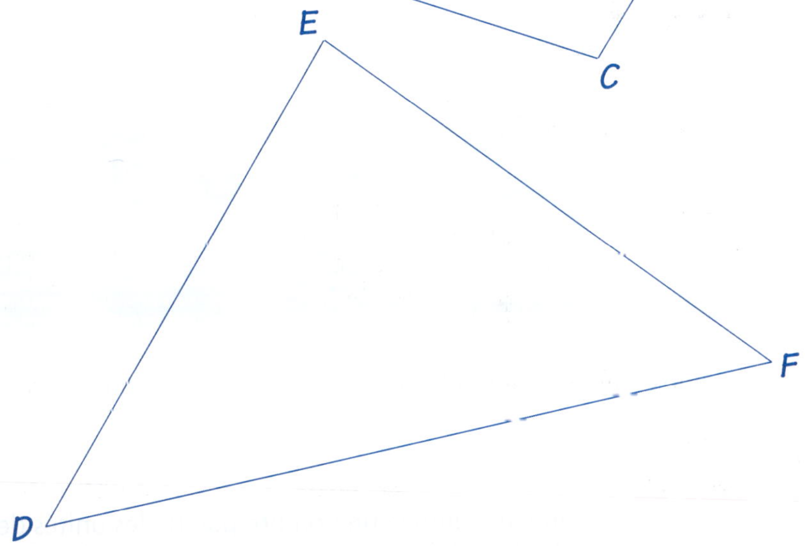

Segments	Longueur
[DE]	… mm
[EF]	… mm
[FD]	… dm

B Pour chacun des problèmes, calcule la soustraction et explique ce que représente le résultat. Quand c'est possible, propose plusieurs « phrases solutions ».

a. En entrant dans le supermarché, Madame Lebol avait 120 €. Quand elle en ressort, il lui reste 63 €.
120 - 63 = …

c. Durant la récréation, Alain a gagné 26 billes. En rentrant en classe, il en possède 45.
45 - 26 = …

b. Dans une ville, on a recensé 1 000 000 d'habitants en 2015, alors qu'il y en avait 842 000 en 2010.
1 000 000 - 842 000 = …

d. La voiture de M. Louis a parcouru 43 000 km. Celle de Mme Rouat a parcouru 100 000 km.
100 000 - 43 000 = …

14 Les angles

CALCUL MENTAL

1. **Table de 8 :** les trois activités décrites p. 10.
2. **Dictée de grands nombres** (cf. sq 3)

Je découvre

1 Voici des compas plus ou moins ouverts.

C'est le compas D qui est le moins ouvert : ses branches forment l'angle le plus petit.
Ordonne ces compas selon leur angle, du plus petit au plus grand : D, ...

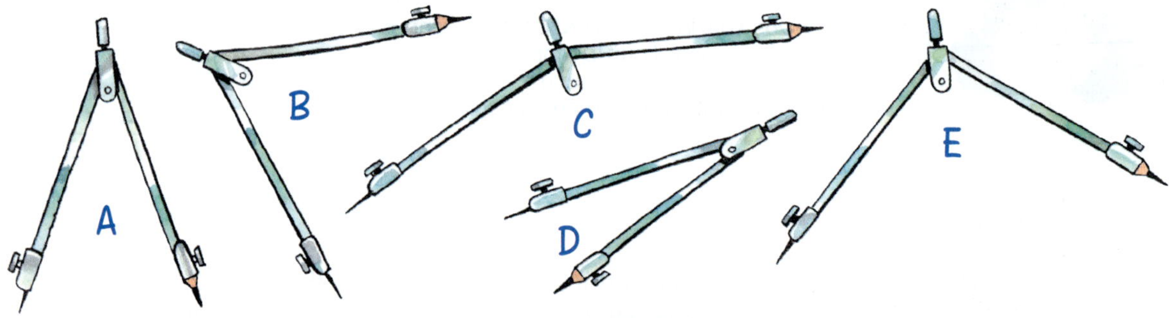

2 Des angles sont représentés sur un calque de ton cahier d'activités.

Découpe la partie de calque qui est marquée 14 Activité 2.

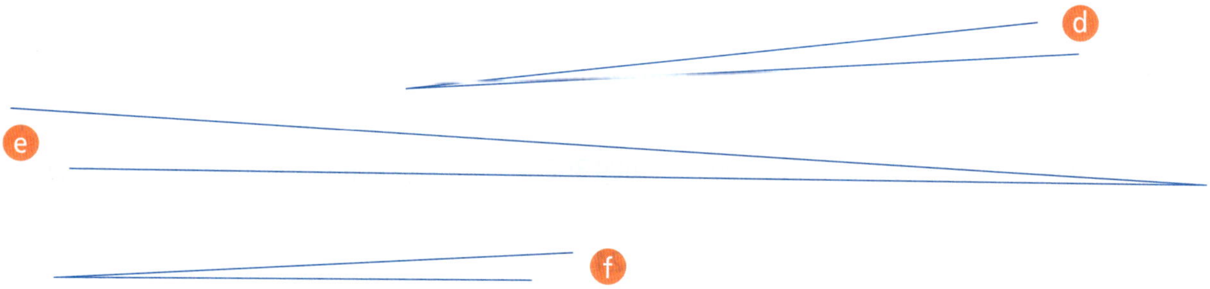

a. Vérifie que tous les angles ci-dessus sont égaux à l'angle du calque qui est noté *1 u*.

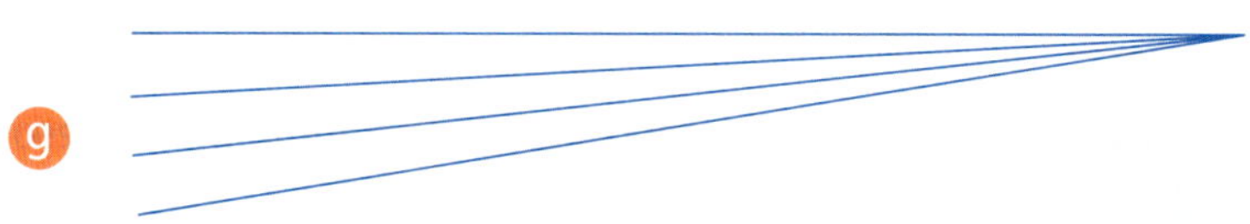

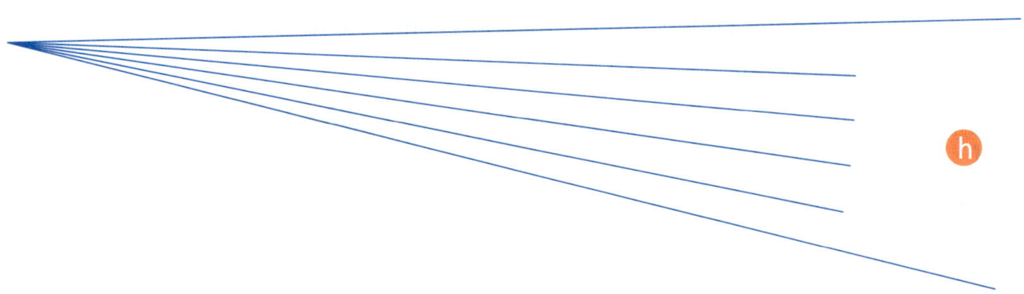

b. On a fait apparaitre l'angle *u* en plusieurs exemplaires dans les angles g et h.
Quelles sont les mesures de g *et* h *lorsque l'on prend l'angle* u *comme unité ?*

c. *Parmi les angles* a, b *et* c *de ton calque, quel est celui qui mesure* 2u ? Écris-le dessus.

d. *Quel est celui qui mesure* 4u ? Écris-le dessus.

e. *Que peut-on dire de l'angle* c *de ton calque ?*

3 Prends les gabarits d'angles en carton dans ton cahier d'activités.

a. L'un des angles est noté d. En utilisant ton équerre, vérifie qu'il s'agit d'un angle droit.

b. L'un des angles est noté $\frac{1}{2}$ d. Vérifie qu'il est égal à la moitié de l'angle d.

c. L'un des angles est noté $\frac{1}{3}$ d. Vérifie qu'il est égal au tiers de l'angle d.
Vérifie de même les angles notés $\frac{2}{3}$ d et $\frac{4}{3}$ d.

d. L'un des angles est noté $\frac{1}{9}$ d. Vérifie qu'il est égal au neuvième de l'angle d.
Vérifie de même l'angle noté $\frac{2}{9}$ d.

e. Colorie en jaune les angles aigus : ce sont ceux qui sont plus petits que l'angle droit.
Colorie en rouge l'angle droit.
Colorie en bleu les angles obtus : ce sont ceux qui sont plus grands que l'angle droit.

4 Le jeu du **portrait**

Utilise maintenant l'autre partie du calque, où figurent des angles de $\frac{1}{9}$, $\frac{2}{9}$, $\frac{1}{3}$, $\frac{1}{2}$ d'angle droit.
Indique les « figures-solutions » par leur lettre.

- *C'est un quadrilatère.*
- *Un de ses angles mesure $\frac{2}{9}$ d'angle droit.*

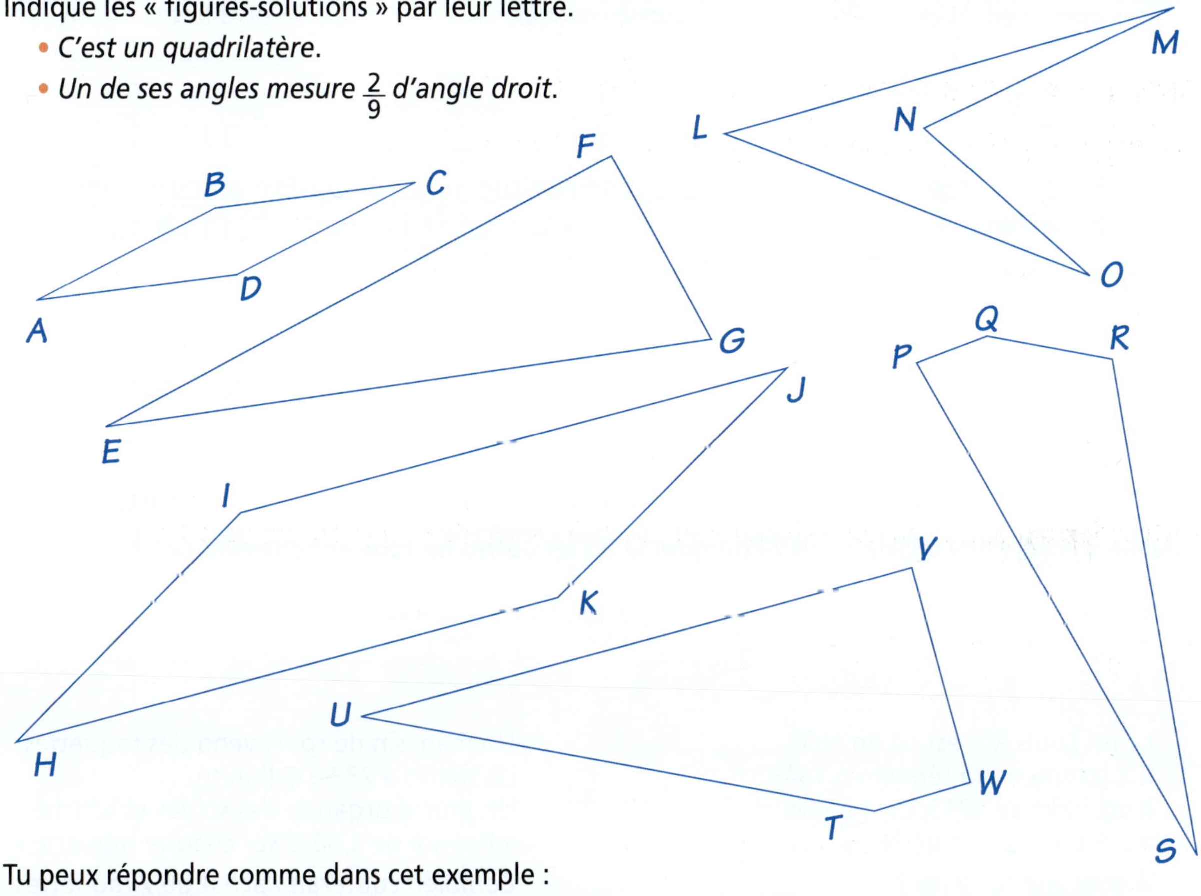

Tu peux répondre comme dans cet exemple :

La figure ABCD est un quadrilatère. Les angles de sommet A et C mesurent $\frac{2}{9}$ d'angle droit.

Parmi tous ces quadrilatères, certains sont particuliers. *Les connais-tu ?*

Je deviens performant

Le **nombre** mystérieux

613	702	1 013	103 465
107 920	110 285	112 080	112 112

2 403 – 1 390	78 × 9
402 507 – 290 427	112 × 1 001
1 000 – 387	805 × 137
304 264 – 196 344	

15 Problèmes pour apprendre à chercher

CALCUL MENTAL
1. **Quelques produits des tables de 6 à 8 mélangées.**
2. **Table de 9 :** les trois activités décrites p. 10.

J'analyse trois résolutions

Problème : Voici, ci-contre, un extrait d'un catalogue de vente par correspondance.

Quel est le prix de quatre étagères après réduction ?

Prix de l'étagère : **99,90 €**

Offre exceptionnelle RENTRÉE :
Réduction de 25 € par étagère
à déduire du prix affiché

Voici les solutions de Sébastien, Mélanie et Cécile.

Sébastien

Prix d'une étagère après réduction :

```
  9 9, 9 0
- 2 5, 0 0
----------
  7 4, 9 0
```

Prix de 4 étagères après réduction :

74 € 90 x 4 = 299 € 60

4 étagères coutent 299 € 60 après réduction.

Mélanie

Prix de 4 étagères avant réduction :

```
  99,90
x    4,
-------
 399,60
```

Économie réalisée :
25 x 4 = 100

Prix après réduction :
399,60 - 100 = 299,60

Le prix de 4 étagères après réduction est 299,60 €.

Cécile

Prix de 4 étagères avant réduction :

```
  99,90
x    4,
-------
 399,60
```

Prix après réduction :

```
  399,60
-     25
--------
  374,60
```

Le prix de 4 étagères après réduction est 374 € 60.

Quelle(s) solution(s) conviennent ? Pourquoi la ou les autres ne conviennent-elles pas ?

Problèmes variés

1. Le roi Louis XIV est né en 1638.
Il a commencé à régner en 1643.
Il est mort en 1715, c'est-à-dire au début du XVIIIe siècle.
À quel âge fut-il roi ?
Quelle fut la durée de son règne ?
Dans quel siècle est-il né ?
(Écris-le en chiffres romains.)

2. Construction géométrique :
a. Trace un cercle de centre O et de rayon 5 cm.
b. Place sur ce cercle trois points A, B et C.
c. Trace le triangle ABC.
d. Joins chacun des sommets de ce triangle au centre du cercle.

3. Un magasin de sport vend des raquettes de tennis à 28,50 € l'unité.
Un jour, il organise des soldes et affiche : « Remise de 3,60 € sur chaque raquette ».
Combien couterait l'achat de 7 raquettes ?
Quelle économie réaliserait-on ?

4. La France comptait 63 189 000 habitants en 2006 et 66 628 000 en 2015.
De combien d'habitants la population française a-t-elle augmenté entre 2006 et 2015 ?

5. La distance qui sépare Perpignan de Lille est de 1 070 km. La distance Terre-Lune est 360 fois plus grande.
Quelle est la distance Terre-Lune ?

16 Problèmes pour apprendre à chercher

CALCUL MENTAL
1. **Quelques produits des tables de 6 à 8 mélangées.**
2. **Table de 9 :** les trois activités décrites p. 10.

Je recherche les informations pertinentes

1 Voici le début de l'énoncé d'un problème. Un élève a lu cet énoncé en entier et il a bien résolu le problème.

Dans un cinéma, il y a 18 rangées de 4 fauteuils.

(18 x 4) x 6 = 432

a. *Quelle est la suite de l'énoncé : A, B ou C ?*

A : Il y a aussi 6 strapontins. *Combien de spectateurs peuvent regarder le film ?*

B : Le prix d'une place est de 6 €. *Quelle est la recette quand le cinéma est plein ?*

C : 6 spectateurs assistent à une séance. *Combien de places sont libres ?*

b. Explique pourquoi les deux autres suites ne conviennent pas.

2 Comme dans l'activité ci-dessus, trouve la suite de l'énoncé et explique pourquoi les deux autres ne conviennent pas.

Une dame achète un rôti de 1 kg
et 1 jambon de pays de 3 kg.
Elle paie 40 € au commerçant.

40 - (3 x 9) = 13

A : Il lui reste 9 €. *Combien d'argent avait-elle avant cet achat ?*

B : Le kilogramme de rôti coute 9 €. *Quel est le prix du kilogramme de jambon ?*

C : Le kilogramme de jambon de pays coute 9 €. *Quel est le prix du kilogramme de rôti ?*

Problèmes variés

1. À un carrefour, on voit ces panneaux :

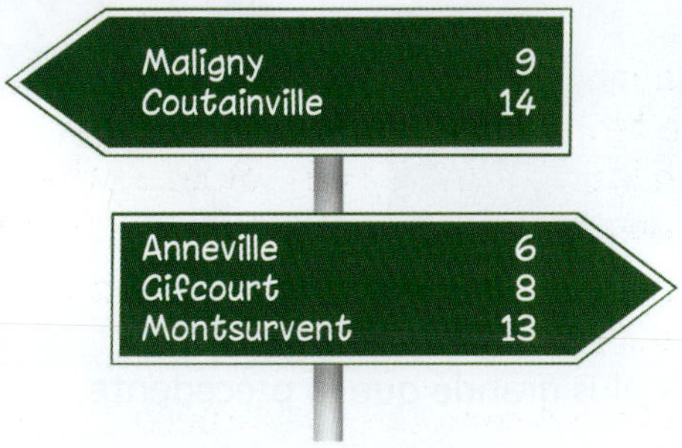

Ces 5 villages sont situés sur une même route, comme le montre ce plan :

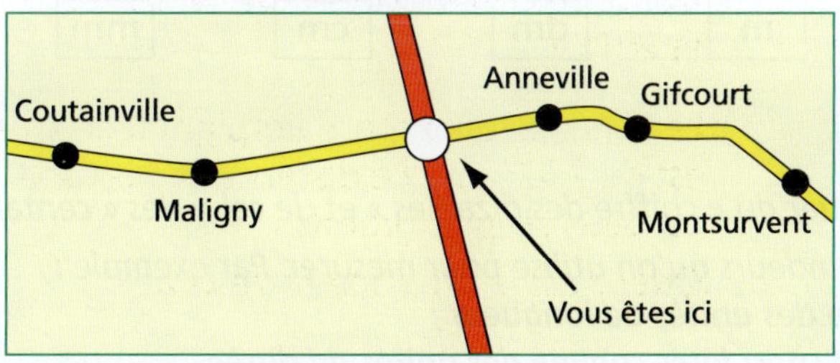

Quelle est la distance qui sépare…
- *Maligny de Montsurvent ?*
- *Maligny de Coutainville ?*
- *Montsurvent de Anneville ?*

2. Malika a une collection de timbres. Elle a déjà 37 timbres et va les ranger dans les pages d'un petit album où elle veut mettre 8 timbres par page.
Combien de pages de son album Malika va-t-elle utiliser ?

3. Un archéologue a retrouvé cette stèle funéraire romaine :
En quelle année ce Romain est-il né ?
En quelle année est-il mort ?
Combien d'années a-t-il vécu ?

4. Zoé a 6 ans de moins que sa sœur Lilly. La somme de leurs âges est 20 ans.
Quel âge ont Zoé et Lilly ?

17 Vers les conversions : les rapports entre unités

CALCUL MENTAL
1. **Multiples de 25 puis de 250.** Voir p. 11.
2. **Dictée de grands nombres** (cf. sq 3).

Je découvre

1 Tu connais déjà le mm, le cm, le dm et le m. Tu vas apprendre 2 nouvelles unités de longueur* : le décamètre (dam) et l'hectomètre (hm).

J'ai appris

Dans la liste suivante, chaque unité est 10 fois plus grande que la précédente.

1 km = 10 hm	1 hm = 10 dam	1 dam = 10 m	1 m = 10 dm	1 dm = 10 cm	1 cm = 10 mm	
km	hm	dam	**m**	dm	cm	mm

**** Le mot « unité » a deux sens :***

1°) On parle du « chiffre des unités » pour le distinguer du « chiffre des dizaines » et de celui des « centaines ».

2°) Le mot « unité » désigne aussi les différentes grandeurs qu'on utilise pour mesurer. Par exemple :
- *le mm, le m, le dm sont tous considérés comme des **unités de longueur** ;*
- *le jour, l'heure, la minute, la seconde sont tous considérés comme des **unités de durée**.*

2 a. *Un hectomètre, combien est-ce de mètres ?*

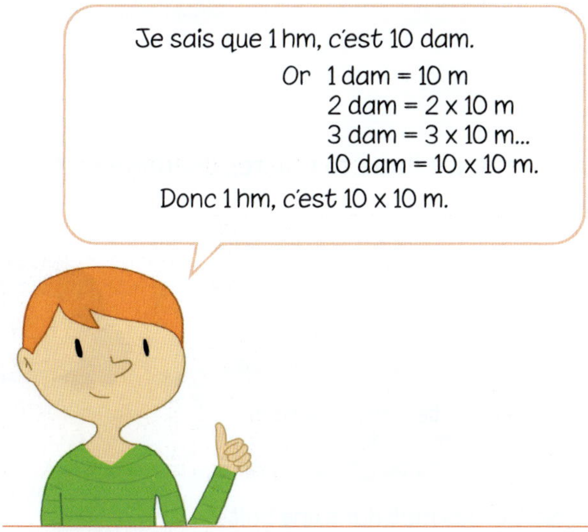

b. *Un kilomètre, combien est-ce de décamètres ?*

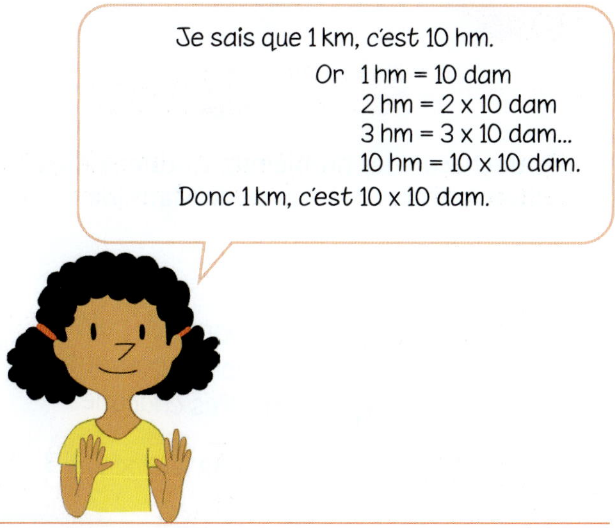

c. Rappelle-toi :

Un m, combien est-ce de cm ? Un m, combien est-ce de mm ? Un km, combien est-ce de m ?

J'ai appris

Pour convertir une unité de longueur en une unité plus petite, j'utilise la liste des unités de longueur ci-dessous :

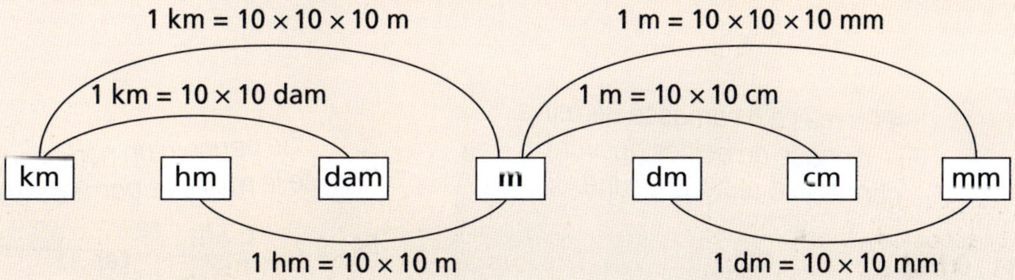

3 Complète les égalités.

1 m = ... mm	1 hm = ... dam	1 cm = ... mm	1 m = ... dm
1 dm = ... cm	1 km = ... m	1 dam = ... m	1 km = ... hm
1 hm = ... m	1 dm = ... mm	1 m = ... cm	1 km = ... dam

Je deviens performant

Le **nombre** mystérieux

7 200 000	7 829 799	7 890 743
8 100 000	8 300 000	8 687 744
8 690 743	9 100 000	9 300 000

Attention : certaines de ces opérations n'ont pas besoin d'être posées en colonnes.

10 000 000 – 900 000	9 568 × 908
10 000 000 – 1 700 000	9 000 × 900
9 956 812 – 1 266 069	967 × 8 097
9 180 743 – 1 290 000	90 × 80 000

18 Division avec reste et résolution de problèmes

CALCUL MENTAL
Interrogations sur les rapports entre unités de longueur
« 1 km, c'est combien de dam ? » etc.
Voir présentation p. 11.

Je découvre

1 Pour chacun des problèmes, calcule la division avec reste et explique ce que représentent *q* et *r*.
Observe d'abord le travail de Mathilde et Mathieu.

a. Mme Dubois a préparé 48 truffes. Elle dispose de boites pouvant contenir 5 truffes chacune.

48 : 5 ? q = 9 r = 3 car 48 = (5 × 9) + 3

On cherche combien de fois il y a 5 dans 48.

Le quotient 9 représente le nombre de boites remplies.

Le reste 3 représente le nombre de truffes qu'on n'a pas pu grouper par 5.

Soit on les met dans une boite, qui ne sera pas pleine, soit on les laisse à part.

b. Un fleuriste a 64 roses et 10 vases.

64 : 10 ? q = 6 r = 4 car 64 = (6 × 10) + 4

On cherche 64 partagé en 10 parts égales.

Le quotient 6 représente le nombre de roses par vase.
Et le reste 4…

---

c. Une fermière a ramassé 34 œufs. Elle dispose de boites pouvant contenir 6 œufs chacune.

34 : 6 ? q = … r = … car …

d. Je pense à un nombre. Je le multiplie par 9 et j'obtiens 54.

54 : 9 ? q = … r = … car …

e. Dans la rue, trois enfants ont trouvé une pochette contenant 29 images.

29 : 3 ? q = … r = … car …

f. Un dictionnaire anglais-français vaut 7 €. L'école en achète plusieurs et paie 42 €.

42 : 7 ? q = … r = … car …

Je me rappelle

La **division avec reste** de **38 par 7** se note **38 : 7** ?.

Faire cette division, c'est chercher deux nombres : le quotient et le reste.
Suivant les cas, le quotient permet de répondre aux questions suivantes :

En 38 combien de fois 7 ?
ou
Si on partage 38 en 7 parts égales, quelle est la valeur d'une part ?

La division 35 : 7 ? permet aussi de trouver le nombre qui, multiplié par 7, donne 35.
Dans ce cas, le reste est nécessairement égal à zéro.

Je deviens performant

A Le **nombre** mystérieux

1 520 000	1 560 000	1 565 870
1 566 060	1 567 000	1 567 700

$760 \times 2\,000$

$2\,580 \times 607$ $610 \times 2\,567$

$514 \times 3\,050$ $52 \times 30\,000$

B Le jeu du **portrait**

Indique la ou les « figures-solutions » par leur lettre.

- *Ce n'est ni un quadrilatère, ni un pentagone.*
- *Un de ses angles est droit.*

Sais-tu comment s'appelle un triangle qui a un angle droit ?
Et sais-tu pourquoi il s'appelle ainsi ?

19 La division avec reste : calculs par partition

CALCUL MENTAL
1. **Révision de la table de 3**, puis divisions par 3 jusqu'à $q = 10$. Voir p. 11.
2. Idem avec 4 et 5.

Je découvre

Pour calculer **2 619 : 3** ?, Mathilde et Mathieu s'imaginent un partage en 3 parts égales.

a Recherche de l'ordre de grandeur du résultat

b Division des centaines

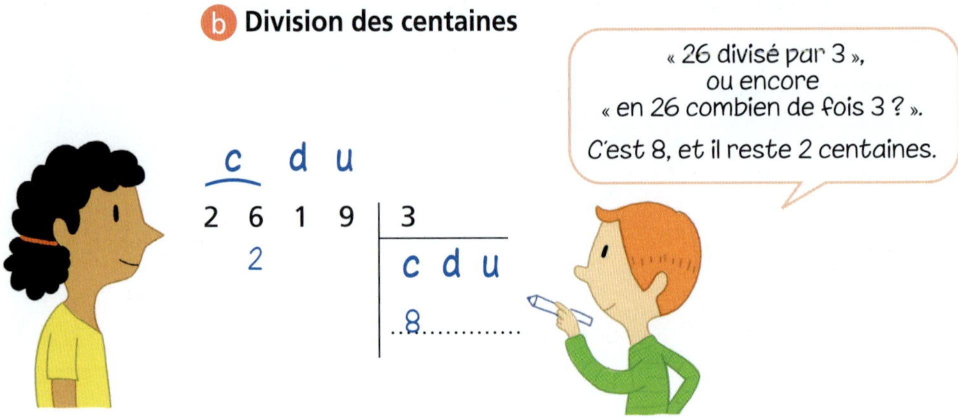

c Division des dizaines

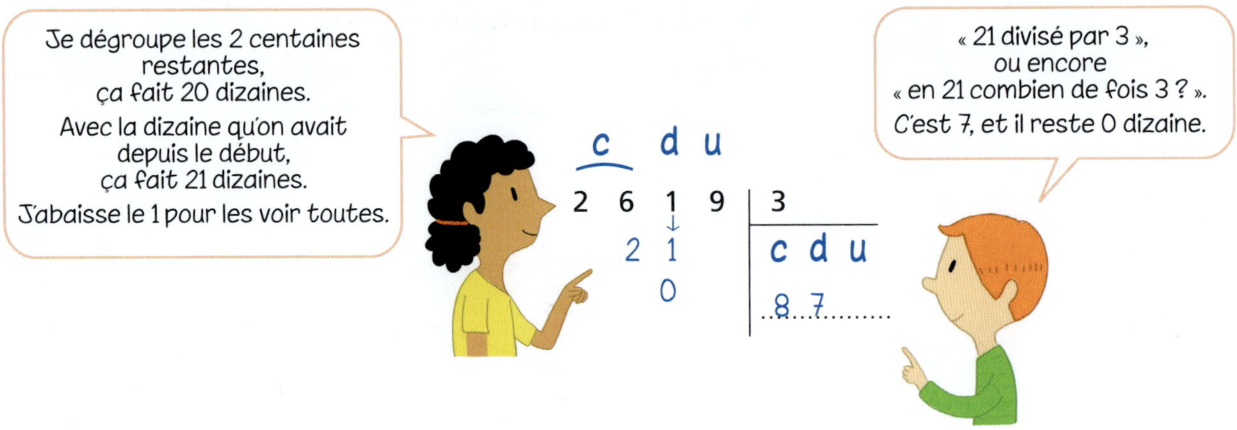

Effectue la division des unités. Exprime le résultat de cette division et fais la preuve.

2 Calcule. 24 095 : 4 ? 354 259 : 5 ?

3 Mathilde veut calculer **1 502 : 3** ?.

J'ai préparé la division.

c d u

1 5 0 2 | 3

c d u

....

On n'a pas besoin de poser cette division.
On connait directement le quotient et le reste.

À quoi pense Mathieu ?

Je me rappelle

Pour calculer la **division avec reste** du nombre *a* par le nombre *b*, on peut partager successivement les centaines, les dizaines et les unités.

Pour 2 145 : 3 ?... 27 604 987 : 5 ? etc., c'est le calcul le plus facile.

Pour certaines divisions par 2, 3, 4, 5, ..., il n'est pas toujours nécessaire de poser l'opération.

4 Calcule ces divisions. Ne les pose que si c'est nécessaire.

4 201 : 2 ?   13 975 : 5 ?   5 507 : 5 ?   14 237 : 3 ?

Je deviens performant

A Le **nombre** mystérieux

63 000   64 000   68 000

74 000   84 000

96×875 $100\,000 - 32\,000$

900×70 $8 \times 8\,000$

B Le jeu du **portrait**

- *C'est un quadrilatère.*
- *Il a un angle qui est la moitié d'un angle droit.*
- *Un de ses côtés mesure 30 mm.*

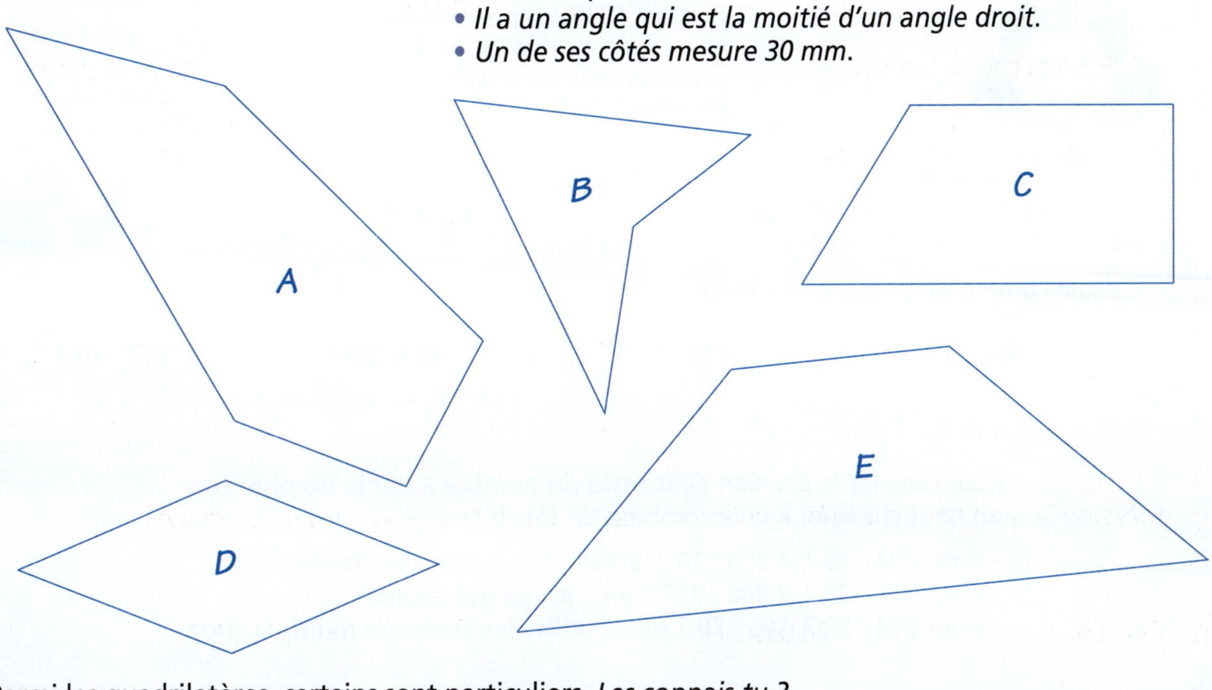

Parmi les quadrilatères, certains sont particuliers. *Les connais-tu ?*

20 La division avec reste : calculs par quotition

CALCUL MENTAL
1. **Révision des tables de 6 et 7**, puis divisions par 6 et 7 jusqu'à $q = 10$. Voir p. 11.
2. **Rapports entre unités de longueurs**. Voir p. 11.

Je découvre

1 a. Observe comment Mathilde calcule **213 : 25 ?**.

Je cherche « en 213 combien de fois 25 ? ». C'est facile. 4 fois 25, 100… 8 fois 25, 200.

213 : 25 ? q = … r = … car 213 = …

b. Calcule.

159 : 25 ?	209 : 50 ?	534 : 250 ?	102 : 31 ?
23 : 25 ?	347 : 50 ?	1 735 : 250 ?	29 : 31 ?
261 : 25 ?	47 : 50 ?	1 250 : 250 ?	148 : 31 ?

2 Observe comment Mathilde et Mathieu calculent **4 673 : 768 ?**.
Termine leurs calculs.

On cherche « en 4 673 combien de fois 768 ? ».

On fait des essais. On a essayé directement 5 fois 768.

Ce n'est pas assez, on essaie 6 fois 768.

```
  7 6 8        7 6 8
x     5      x     6
-------      -------
3 8 4 0            8
```

4 673 : 768 ? q = … r = … car 4 673 = …

3 Observe comment Mathilde et Mathieu calculent **437 : 60 ?**.

a. Termine leurs calculs.

437 : 60 ?, c'est comme chercher combien de fois il y a 6 dizaines dans 437.
Le quotient est le même que celui de la division : 43 : 6 ?.

437 : 60 ? q = … r = … car 437 = …

b. Calcule comme Mathilde et Mathieu.

163 : 30 ? 438 : 50 ? 454 : 60 ? 512 : 70 ?

J'ai appris

Pour calculer la **division avec reste** du nombre *a* par le nombre *b*, on peut chercher « en *a* combien de fois *b* ? ».

- Pour 204 : 25 ?, 4 856 : 10 ?, 8 496 : 100 ? etc., c'est facile ;
- pour 151 : 38 ?, 2 946 : 812 ? etc., je fais des essais ;
- pour 274 : 90 ?, 563 : 70 ? etc., j'utilise les tables de multiplication.

4 Calcule.

197 : 25 ?	237 : 30 ?	49 : 59 ?	2 634 : 250 ?
127 : 10 ?	1 307 : 100 ?	2 508 : 347 ?	579 : 70 ?
344 : 60 ?	451 : 83 ?	4 259 : 6 ?	14 238 : 7 ?

Je deviens performant

A Rappelle-toi la liste des unités de longueur et complète les égalités.

1 dm = … mm	1 hm = … m	1 dam = … m	1 dm = … cm
1 km = … m	1 m = … dm	1 km = … dam	1 cm = … mm

B Le **nombre** mystérieux

428 — 555 — 567 — 594 — 666

1 000 – 572	37 × 18
90 353 – 89 786	6 × 99

C Le jeu du **portrait**

- *Ce n'est pas un quadrilatère.*
- *Il a un angle qui vaut $\frac{2}{3}$ d'un angle droit.*
- *Un de ses côtés mesure 50 mm.*

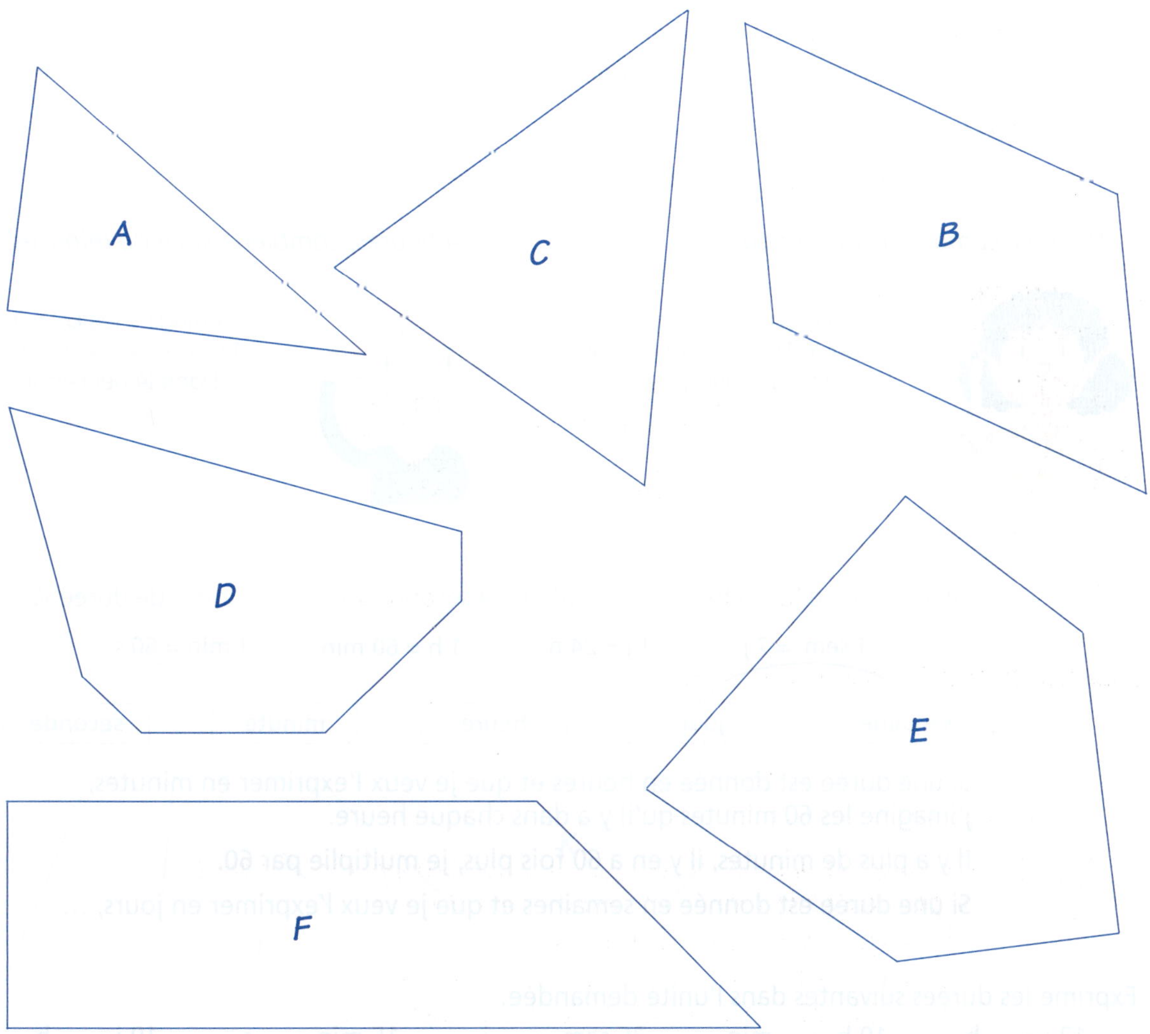

Que peux-tu dire du triangle A ?

22 Division avec reste par 10, par 100, par 1 000…

CALCUL MENTAL
Conversions de longueurs proposées oralement
« 23 km, combien est-ce de dam ? … 9 dm, combien est-ce de cm ? », etc. Voir p.11.

Je découvre

1 a. Observe comment M. Cubus calcule ces divisions par 10.

3 : 10 ?

3 : 10 ? q = 0 r = 3 car 3 = (0 × 10) + 3

43 : 10 ?

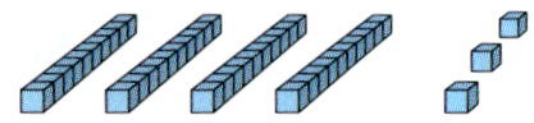

43 : 10 ? q = 4 r = 3 car 43 = (4 × 10) + 3

b. Continue le travail de M. Cubus.

543 : 10 ? **q = …** **r = …** **car …………**

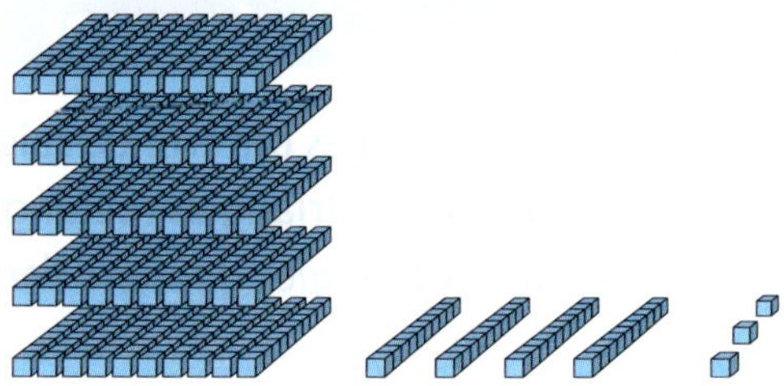

1 543 : 10 ? **q = …** **r = …** **car …………**

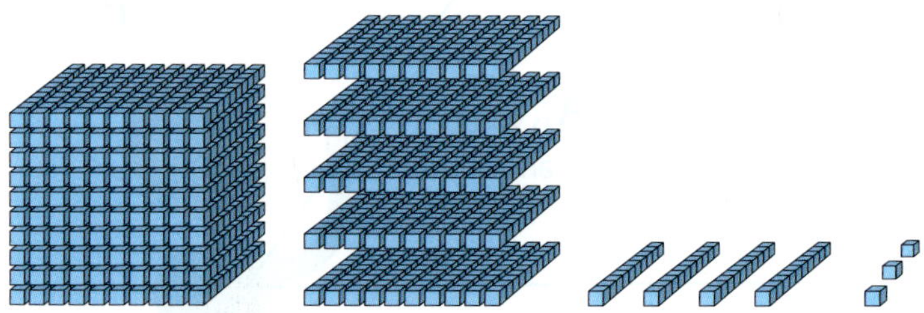

11 543 : 10 ? **q = …** **r = …** **car …………**

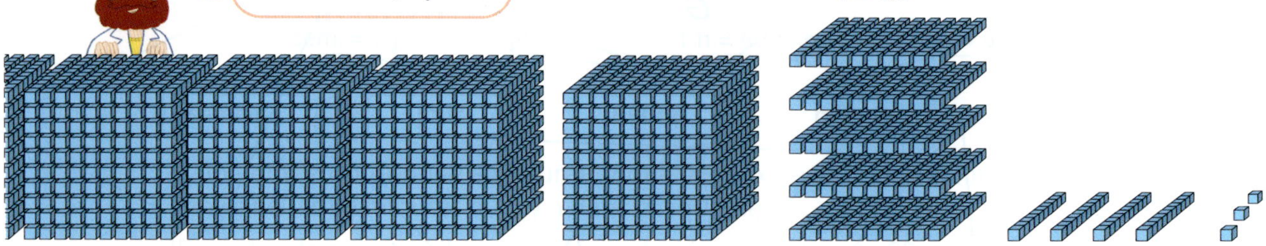

J'ai appris

Pour diviser **1 706 382 par 10**, c'est facile :

1 706 38 2

Il y a ……… dizaines ↗ ↖ il reste … unités

2 a. Observe comment M. Cubus calcule ces divisions par 100.

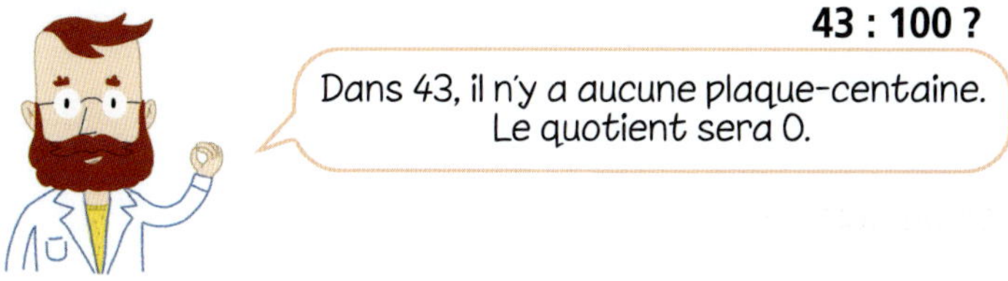

43 : 100 ?

43 : 100 ? q = 0 r = 43 car 43 = (0 × 100) + 43

643 : 100 ?

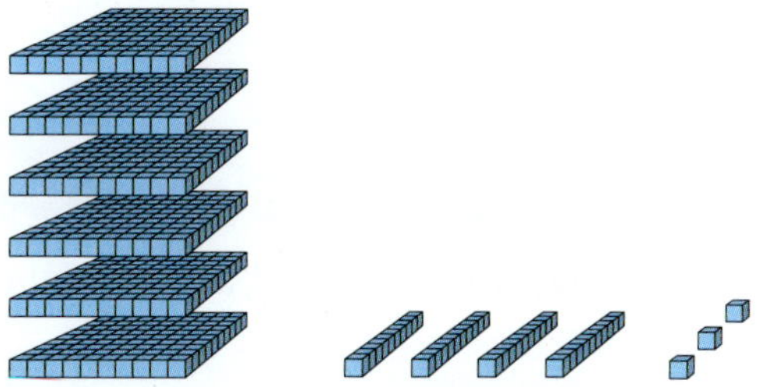

643 : 100 ? q = 6 r = 43 car 643 = (6 × 100) + 43

b. Continue le travail de M. Cubus.

2 643 : 100 ? **q = ... r = ...** **car ....**

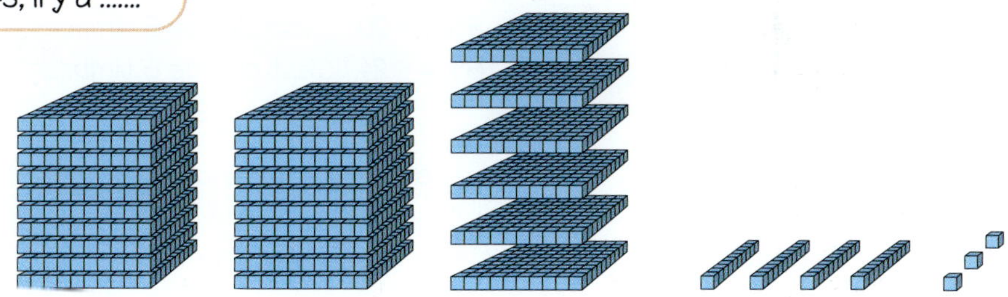

12 643 : 100 ? **q = ... r = ...** **car ....**

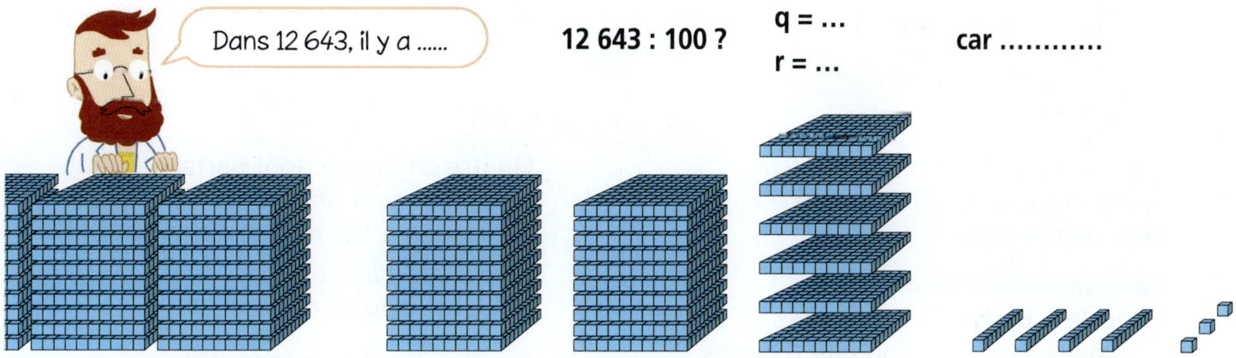

J'ai appris

Pour diviser **1 706 382 par 100**, c'est facile :

1 706 382

Il y a .... centaines ↗ ↖ il reste ... unités

3 *Comment calculerais-tu ces divisions par 1 000 ?*

3 : 1 000 ? 43 : 1 000 ? 643 : 1 000 ? 2 643 : 1 000 ? 12 643 : 1 000 ? 712 643 : 1 000 ?

4 Calcule.

37 645 : 10 ?	35 187 : 9 ?	5 907 643 : 10 ?	147 : 32 ?
148 783 : 100 ?	32 459 025 : 100 ?	7 308 607 : 10 000 ?	49 087 : 7 ?

23 Problèmes pour apprendre à chercher

CALCUL MENTAL
1. **Conversions de longueurs** : idem sq 22. Voir p. 11.
2. **Conversions de durées** dans des cas faciles. Voir p. 11.

J'analyse trois résolutions

Problème : Nina dit : « J'ai 28 timbres. Ma grande sœur en a 3 fois plus que moi. Mon petit frère en a 4 fois moins que moi. »
Combien de timbres la grande sœur de Nina a-t-elle ? Et son petit frère ?

Voici les solutions de Sébastien, Mélanie et Cécile.

Sébastien

1. Timbres de la sœur :
28 + 3 + 3 + 3 = 37
Sa sœur a 37 timbres.

2. Timbres du frère :
28 - 4 = 24
24 - 4 = 20
20 - 4 = 16
16 - 4 = 12

Son frère a 12 timbres.

Mélanie

1. Nombre de timbres de la sœur :
28 x 3 = 84
La sœur de Nina a 84 timbres.

2. Nombre de timbres du frère :
Je cherche 4 fois combien = 28
5 x 4 = 20 C'est plus de 5 timbres
6 x 4 = 24 C'est plus de 6 timbres
7 x 4 = 28

Le petit frère de Nina a 7 timbres.

Cécile

1. Les timbres de la sœur :
28 x 3 = 84
Elle a 84 timbres.

2. Les timbres du frère :
4 fois moins que 28 c'est 28 : 4 ?.
q = 7
r = 0
car 28 = 7 x 4

Il a 7 timbres.

Quelle(s) solution(s) conviennent ? Pourquoi la ou les autres ne conviennent-elles pas ?

Problèmes variés

1. *Dans une corde qui mesure 250 m, combien de morceaux de 32 m peut-on découper ?*

2. Dans une ville, il y a 4 écoles :
- l'école F.-Buisson a 129 élèves ;
- l'école Verlaine a 4 fois plus d'élèves que l'école F.-Buisson ;
- l'école V.-Hugo en a 3 fois moins que l'école F.-Buisson ;
- l'école Pasteur en a 2 fois plus que l'école V.-Hugo.

Combien y a-t-il d'élèves dans les écoles Verlaine, V.-Hugo et Pasteur ?

3. Un papetier dispose de 13 809 cahiers. Il va les vendre par paquets de 6 cahiers.
Combien de paquets de 6 cahiers le papetier peut-il former ?

4. Quatre enfants se sont partagé équitablement un rouleau de réglisse. Chacun en a 125 mm.
Quelle était la longueur de ce rouleau de réglisse ?

5. Construction géométrique :
a. Trace [AB] long de 7 cm.
b. Place le point M, milieu de [AB].
c. Trace le cercle de centre A et passant par M.
d. Trace le cercle de centre B et passant par A.
e. Appelle C et D les points où se croisent ces deux cercles.
f. Trace le triangle MCD.

24 Problèmes pour apprendre à chercher

CALCUL MENTAL
1. **Conversions de longueurs** : idem sq 22. Voir p. 11.
2. **Conversions de durées** dans des cas faciles. Voir p. 11.

Je recherche les informations pertinentes

Vérifie le calcul, trouve la suite de l'énoncé et explique pourquoi les deux autres ne conviennent pas.

Dans un théâtre, il y a 12 rangées de sièges.

$(12 \times 25) - 18 = 282$

A : Chaque rangée a 18 sièges. Lors d'un spectacle, 25 places restent libres.
Combien de spectateurs assistent au spectacle ?

B : Chaque rangée a 25 sièges. Lors d'un spectacle, 18 places restent libres.
Combien de spectateurs assistent au spectacle ?

C : Chaque rangée a 25 sièges. Lors d'un spectacle, le prix d'entrée est de 18 €.
Quelle recette ce théâtre peut-il réaliser s'il vend toutes les places ?

Lors d'une journée exceptionnelle dans un parc d'attractions, l'entrée était gratuite pour les adultes qui accompagnaient des enfants.

$(432 - 147) \times 15 = 4\,275$

A : Ce jour-là, 432 personnes sont entrées. Parmi elles, il y avait 147 enfants.
L'entrée coutait 15 €. *Quelle était la recette de cette journée ?*

B : Ce jour-là, 432 personnes sont entrées. Parmi elles, il y avait 147 adultes.
L'entrée coutait 15 €. *Quelle était la recette de cette journée ?*

C : Ce jour-là, 147 adultes et 432 enfants sont entrés.
L'entrée coutait 15 €. *Quelle était la recette de cette journée ?*

Problèmes variés

1. À un carrefour, on voit ces panneaux :

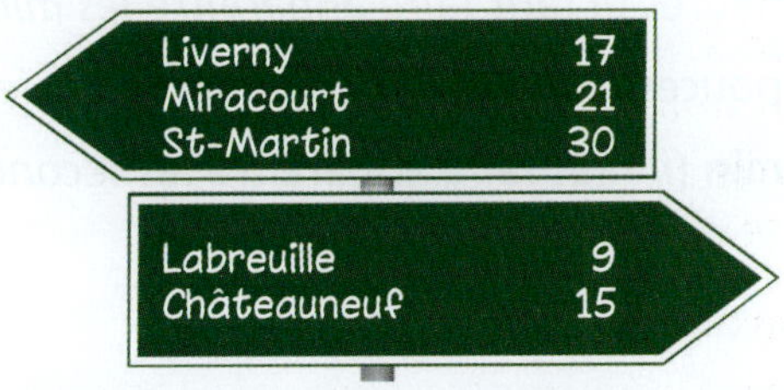

Ces villages sont sur une même route.
Quelle est la distance entre :
– Châteauneuf et Miracourt ?
– Saint-Martin et Miracourt ?
– Saint-Martin et Liverny ?

2. Huit marins-pêcheurs viennent de pêcher 1 704 kg de maquereaux avec leur chalutier. Ils vendent cette pêche à un grossiste, au prix de 1,45 € le kg. Ils se partagent équitablement le produit de cette vente.
Combien d'argent chaque pêcheur retire-t-il de la vente ?

3. Écris en chiffres tous les nombres qu'on peut former en juxtaposant toutes ces étiquettes (il y a 6 possibilités) :

mille | quatre | quatre | vingt

4. *Combien de nombres peut-on écrire en juxtaposant toutes ces étiquettes contenant des chiffres égyptiens ?*

5. La tour Eiffel mesure 308 m. C'est 98 m de plus que la tour Montparnasse.
Quelle est la hauteur de la tour Montparnasse ?

25 Diviser pour convertir (pouces et pieds)

CALCUL MENTAL
1. **Conversions de longueurs** : idem sq 22.
2. **Conversions de durées** (cas faciles). Voir p. 11.

Je découvre

1 *Te rappelles-tu combien il y a de pouces dans un pied ?*

a. Une baguette de pain mesure 29 pouces de longueur.

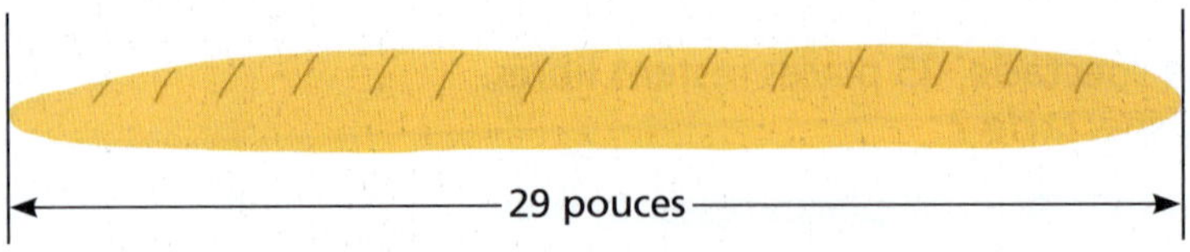

Exprime cette longueur en pieds et pouces.

b. Ce basketteur mesure exactement 81 pouces.

Exprime sa taille en pieds et pouces.

c. Lors des essais, un champion de formule 1 a mis 1 529 secondes pour parcourir un tour de circuit.
Exprime cette durée en minutes et secondes.

J'ai appris

- Une longueur est donnée en pouces et je veux l'exprimer en pieds et pouces : il y a moins de pieds, il y en a 12 fois moins, je divise par 12.
- Une durée est donnée en secondes et je veux l'exprimer en minutes et secondes : il y a moins de minutes, il y en a 60 fois moins, je divise par 60.
- Une durée est donnée en heures et je veux l'exprimer en jours, …

2 Effectue ces conversions.
Attention ! Tantôt il faut convertir dans des unités plus petites, tantôt dans des unités plus grandes.

- 49 pouces *(il faut faire apparaitre les pieds)*
- 56 jours *(il faut faire apparaitre les heures)*
- 35 pieds *(il faut faire apparaitre les pouces)*
- 153 heures *(il faut faire apparaitre les minutes)*
- 106 pouces *(il faut faire apparaitre les pieds)*
- 124 min *(il faut faire apparaitre les secondes)*

Je deviens performant

Le **q** et le **r** mystérieux

q = 0 r = 62	q = 6 r = 0	q = 6 r = 28	q = 9 r = 1
q = 9 r = 32	q = 62 r = 1	q = 62 r = 1 000	q = 98 r = 0
q = 980 r = 0	q = 2 350 r = 1	q = 9 076 r = 0	q = 97 830 r = 0

23 501 : 10 ?
752 : 80 ?
907 600 : 100 ?
62 : 1 000 ?
568 : 90 ?
360 : 60 ?

62 001 : 1 000 ?
361 : 40 ?
978 300 : 10 ?
980 : 10 ?
98 000 : 100 ?

26 Diviser pour convertir (m et km)

CALCUL MENTAL
1. **Révision de la table de 3**, puis divisions par 3 jusqu'à $q = 10$. Voir p. 11.
2. idem avec 4 et 5.

Je découvre

1 a. Le sommet du mont Blanc est à 4 808 m au-dessus du niveau de la mer.

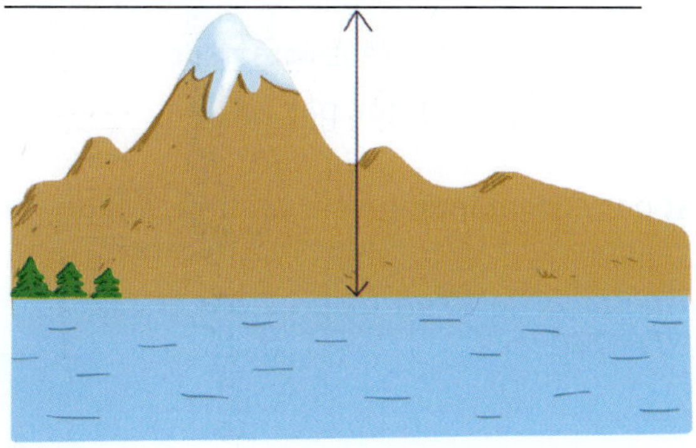

Exprime cette hauteur en km et m.

b. Le rayon de la Terre à l'équateur est connu au décamètre près : il mesure 637 814 dam.

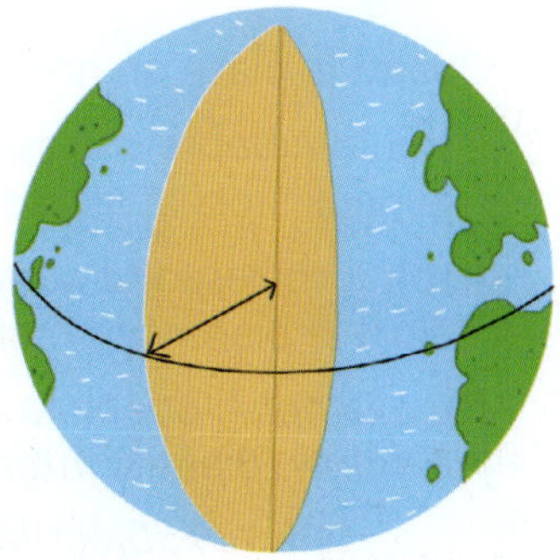

Exprime cette longueur en km et dam.

c. Dans la notice d'utilisation d'une voiture, on trouve le schéma ci-contre.
Exprime la longueur de la voiture en m.

J'ai appris

- Une longueur est donnée en m et je veux l'exprimer en km : il y a moins de km, il y en a 1 000 fois moins… Je divise par 1 000.
Par exemple : 1 372 945 m = 1 372 km et 945 m.
- Une longueur est donnée en hm et je veux l'exprimer en km : il y a moins de km, il y en a 10 fois moins, je divise par 10.
Par exemple : 1 648 hm = 164 km et 8 hm.

2 Effectue ces conversions.
Attention ! Il faut convertir dans des unités tantôt plus petites, tantôt plus grandes.

- 27 168 mm *(il faut faire apparaitre les m)*
- 19 592 cm *(il faut faire apparaitre les mm)*
- 18 520 km *(il faut faire apparaitre les hm)*
- 13 009 dam *(il faut faire apparaitre les hm)*
- 1 353 dm *(il faut faire apparaitre les mm)*
- 1 640 m *(il faut faire apparaitre les dam)*
- 1 773 cm *(il faut faire apparaitre les m)*
- 2 320 hm *(il faut faire apparaitre les dam)*

Je deviens performant

Le **nombre** mystérieux

12 144 | 13 864 | 14 589 | 15 679 | 16 480

23 814 – 9 950 2 060 × 8
49 501 – 33 822 176 × 69

27 Situer des nombres sur une droite graduée

CALCUL MENTAL
1. **Révision de la table de 6**, puis divisions par 6 jusqu'à $q = 10$. Voir p. 11.
2. Idem avec 7.

Je découvre

1 → Cahier d'activités page 3

J'ai appris

Quand je place un nombre sur une demi-droite graduée régulièrement :
- soit le nombre correspond à un point qui est déjà indiqué par un trait, je peux alors le placer avec *précision* ;
- soit il correspond à un point qui n'est pas encore indiqué par un trait, il faut alors le placer *approximativement* en imaginant une graduation plus fine.

Par exemple : quand la graduation existante va de 10 en 10, pour placer 732, j'imagine 10 petits intervalles entre 730 et 740.

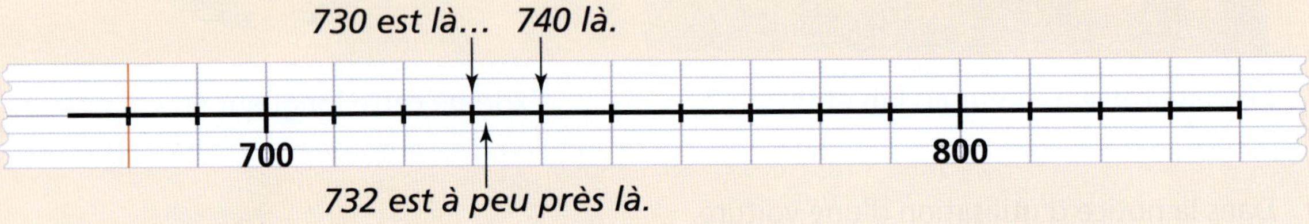

2 Reproduis sur ton cahier cette portion de demi-droite graduée où l'on a déjà placé les nombres 20 et 50.
Place exactement les nombres 30 et 55, et place approximativement 29 et 56.

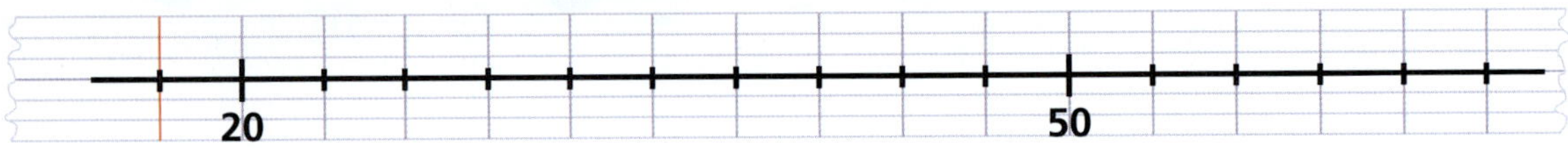

3 Reproduis sur ton cahier cette portion de demi-droite graduée où sont déjà placés les nombres 8 000 et 9 000.
Place exactement les nombres 7 800 et 8 700, et place approximativement 8 240 et 9 280.

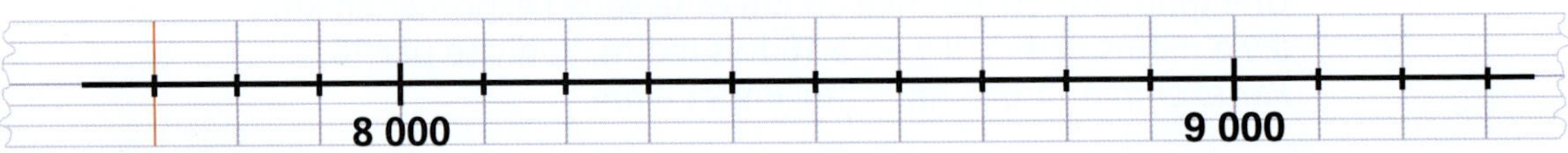

4 Reproduis sur ton cahier cette portion de demi-droite graduée où l'on a placé les nombres 30 000 et 40 000.
Place exactement les nombres 34 000 et 42 000, et place approximativement 28 900 et 36 200.

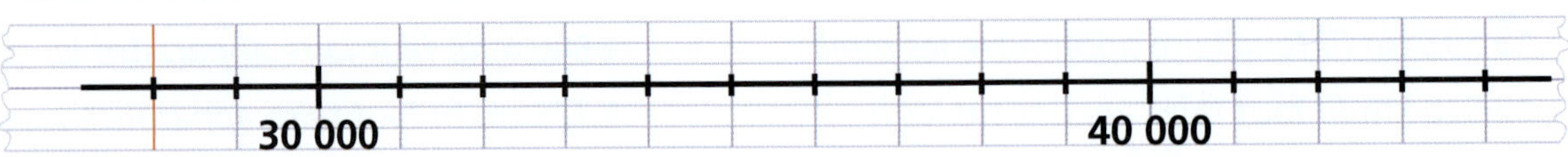

Je deviens performant

Conversions : *il faut convertir dans des unités tantôt plus petites, tantôt plus grandes.*
- 30 pouces *(il faut faire apparaitre les pieds)*
- 956 dm *(il faut faire apparaitre les mm)*
- 200 heures *(il faut faire apparaitre les minutes)*
- 100 secondes *(il faut faire apparaitre les minutes)*
- 300 dam *(il faut faire apparaitre les km)*
- 867 dm *(il faut faire apparaitre les m)*

28 L'angle droit et les droites perpendiculaires

CALCUL MENTAL
1. **Révision de la table de 6**, puis divisions par 6 jusqu'à $q = 10$. Voir p. 11.
2. Idem avec 7.

Je découvre

1 Les 4 angles ci-dessous ont été dessinés à partir du point A avec le gabarit de $\frac{2}{9}$ angle droit.

Sur une feuille blanche :

a. Dessine un point B et reproduis ce tracé.

b. Dessine un point C et recommence avec le gabarit de $\frac{1}{2}$ angle droit.

c. Dessine un point D et recommence avec le gabarit d'angle droit.

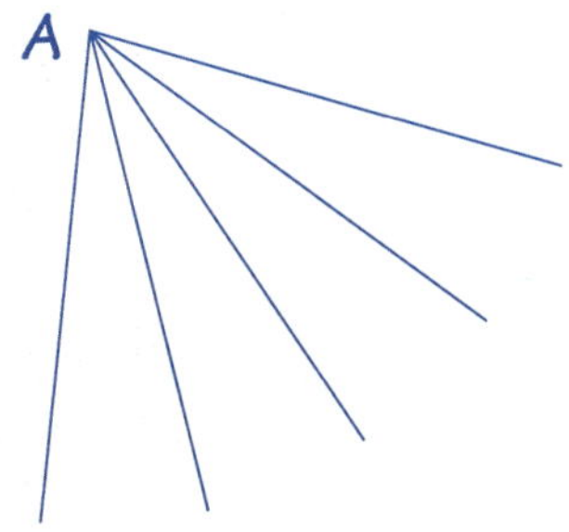

Que remarques-tu avec le gabarit de l'angle droit ?

Imagine que tu aies égaré ton gabarit d'angle droit.
Saurais-tu en construire un autre avec une feuille de papier ?

J'ai appris

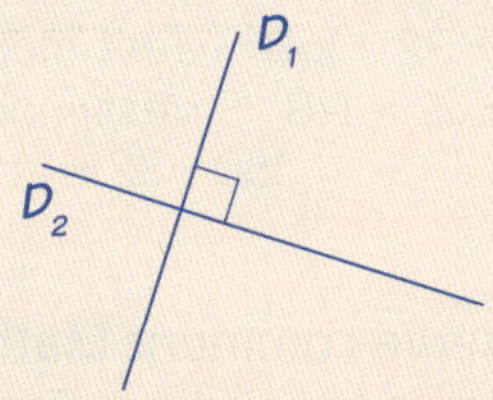

On peut écrire :
La droite D_1 est perpendiculaire à la droite D_2.
ou
Les droites D_1 et D_2 sont perpendiculaires.

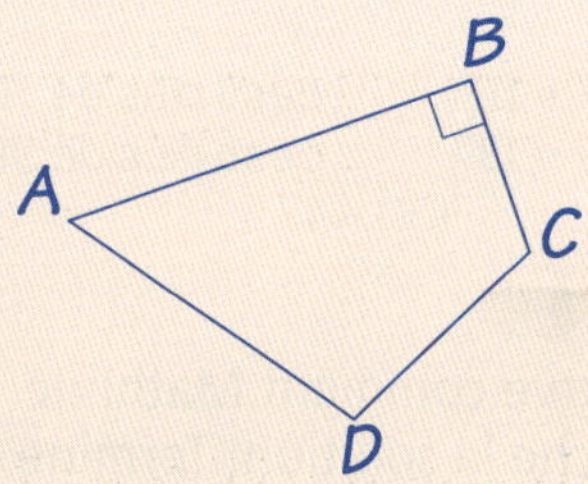

On peut écrire :
[AB] est perpendiculaire à [BC].
ou
[AB] et [BC] sont perpendiculaires.

2 Observe comment on trace une droite D_2 perpendiculaire à une droite D_1 et passant par un point A.

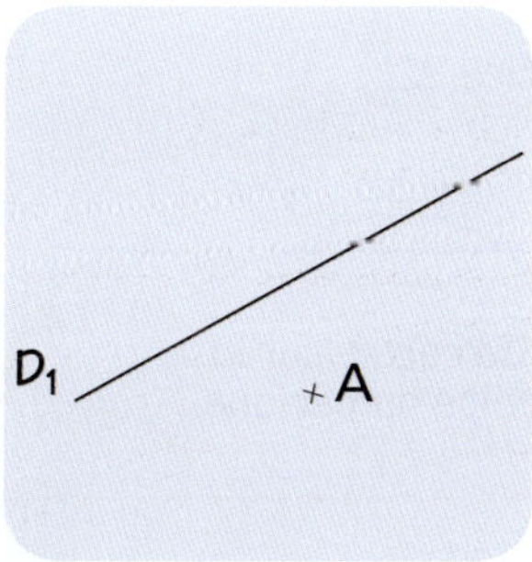

Soient une droite D_1 et un point A.

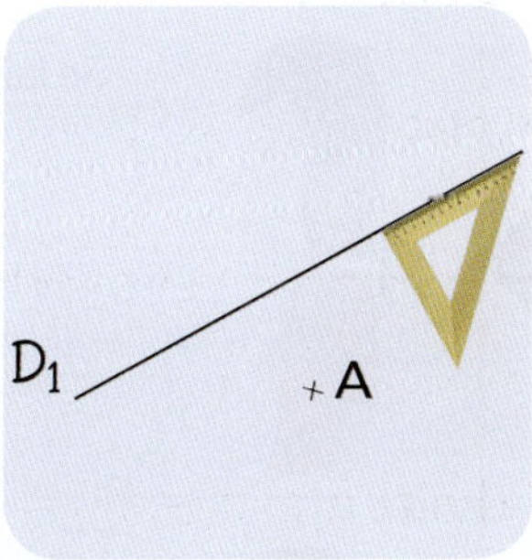

Un des côtés de l'équerre coïncide avec D_1.

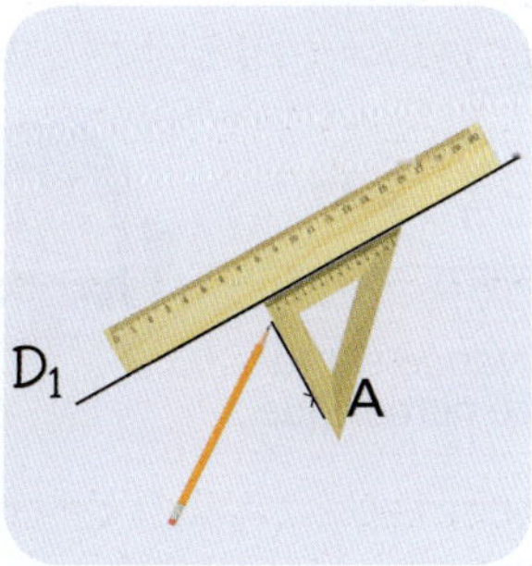

On fait glisser l'équerre. On commence à tracer D_2.

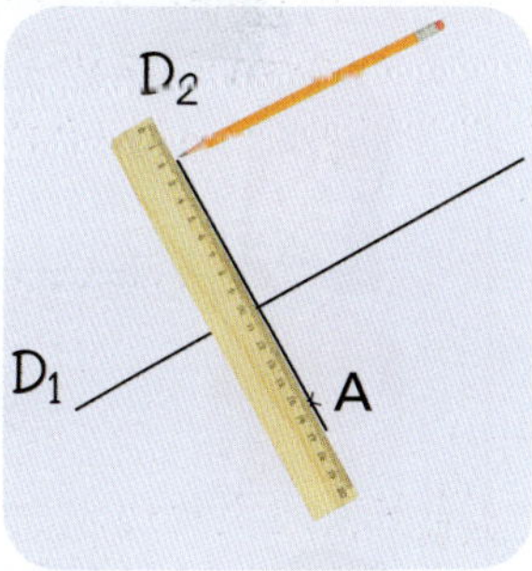

On prolonge D_2.

3 → Cahier d'activités page 4

Je deviens performant

Conversions : *il faut convertir dans des unités tantôt plus petites, tantôt plus grandes.*

- 152 minutes *(il faut faire apparaitre les secondes)*
- 408 dam *(il faut faire apparaitre les km)*
- 3 007 m *(il faut faire apparaitre les km)*
- 398 cm *(il faut faire apparaitre les mm)*
- 120 pouces *(il faut faire apparaitre les pieds)*
- 394 km *(il faut faire apparaitre les dam)*
- 420 hm *(il faut faire apparaitre les m)*
- 4 056 mm *(il faut faire apparaitre les dm)*

29 Addition et soustraction, multiplication et division

CALCUL MENTAL
1. **Révision de la table de 8,** puis divisions par 8 jusqu'à $q = 10$. Voir p. 11.
2. Idem avec 9.

Je découvre

1 Le **nombre** pensé

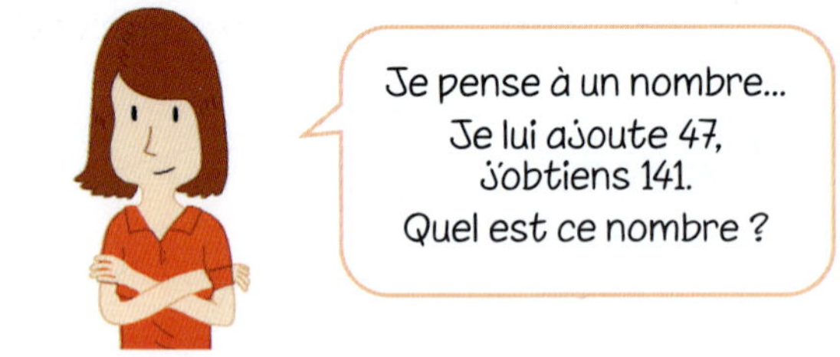

a. Observe comment Mathieu cherche la solution. Termine son calcul.

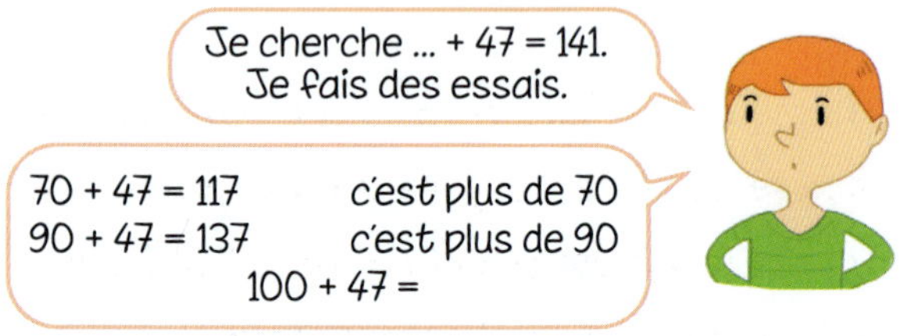

b. Observe comment Mathilde cherche la solution. Termine son calcul.

2 Voici un deuxième nombre pensé.

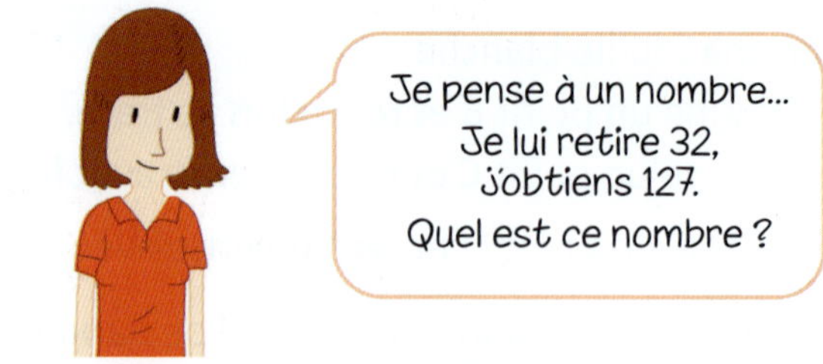

a. Observe comment Mathieu cherche la solution. Termine son calcul.

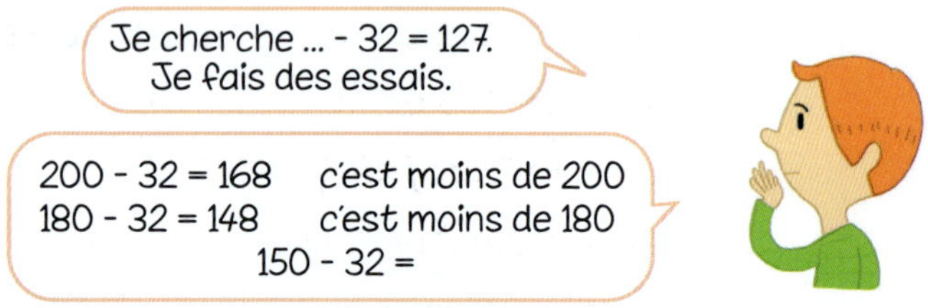

b. Observe comment Mathilde cherche la solution. Termine son calcul.

3 a. Mathilde cherche la solution de ce troisième « nombre pensé ».

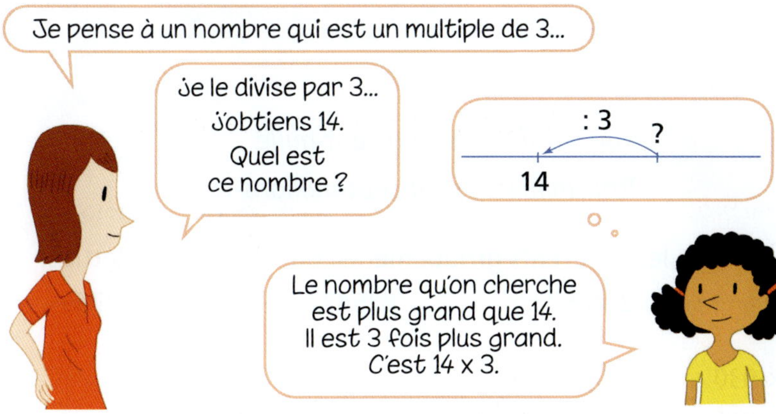

b. Comment raisonnerait-elle pour ce quatrième « nombre pensé » ?

4 Cherche les solutions de ces « nombres pensés ».

« *... je lui ajoute 105 et j'obtiens 209...* »

« *... je lui retire 26 et j'obtiens 119...* »

« *... je le divise par 8 et j'obtiens 125...* »

« *... je le multiplie par 3 et j'obtiens 72...* »

« *... je le multiplie par 5 et j'obtiens 100...* »

« *... je lui retire 9 et j'obtiens 2 213...* »

« *... je lui ajoute 845 et j'obtiens 1 000...* »

« *... je le divise par 3 et j'obtiens 51...* »

Invente deux autres « nombres pensés » et propose-les à ton (ta) camarade.

Je deviens performant

A Effectue ces conversions.

- 50 heures *(il faut faire apparaitre les jours)*
- 9 070 m *(il faut faire apparaitre les cm)*
- 8 250 m *(il faut faire apparaitre les km)*
- 4 650 dam *(il faut faire apparaitre les hm)*
- 70 heures *(il faut faire apparaitre les minutes)*
- 2 300 hm *(il faut faire apparaitre les m)*

B Calcule ces divisions.

302 : 58 ?   51 005 : 7 ?   78 250 : 9 ?   751 : 3 ?

C *Quelles sont les droites qui te semblent perpendiculaires ?*

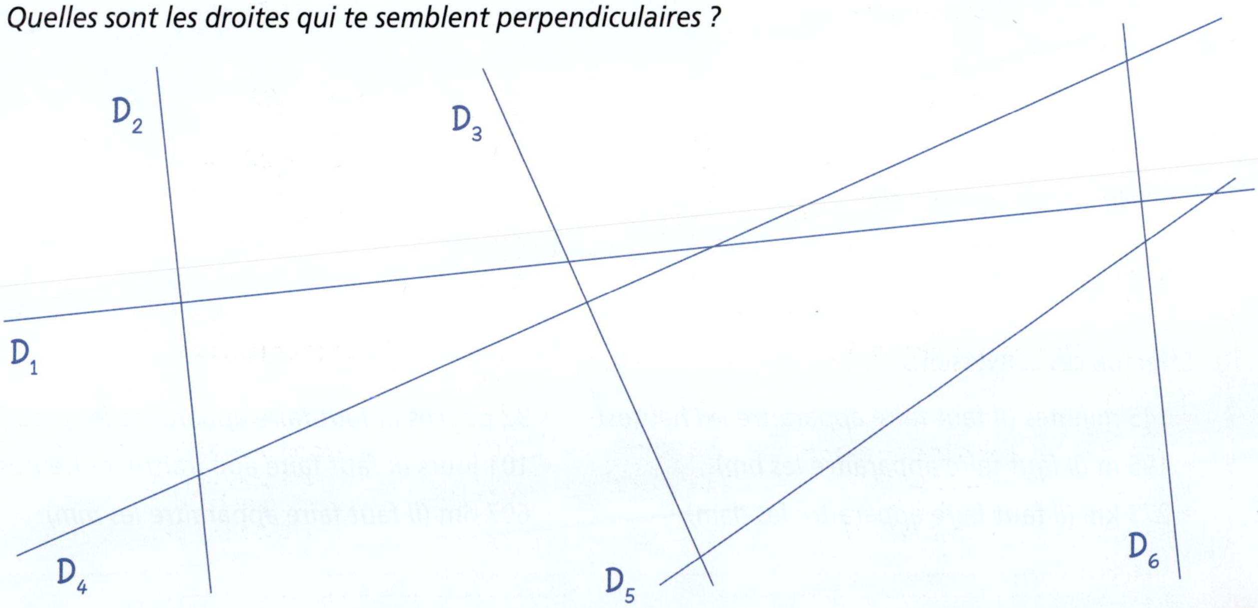

Bilan terminal de la première période

1 Écris ces nombres en chiffres.

Quatre-vingt-neuf-mille-soixante *Douze-milliards-cinq-cent-mille*

Deux-millions-cent-six-mille-trois *Trois-milliards-cent-sept-millions-vingt*

2 Recopie ces nombres en faisant apparaitre les différents groupements, puis écris-les en lettres.

13502001 24003830020 3548623 875432 50132769

3 Calcule.

64 × 11	10 000 × 930	1 000 – 623	159 : 25 ?
9 × 300	68 × 101	6 451 – 970	54 523 : 6 ?
23 × 12	217 × 9 805	23 582 – 16 739	389 : 70 ?

4 a. Recopie, puis complète le tableau.

b. Calcule le périmètre de ce polygone.
Est-il plus long que 6 dm ?

Segments	Longueur
…	7 cm
[BC]	…
…	1 dm
[CD]	…
[AF]	…
[ED]	…

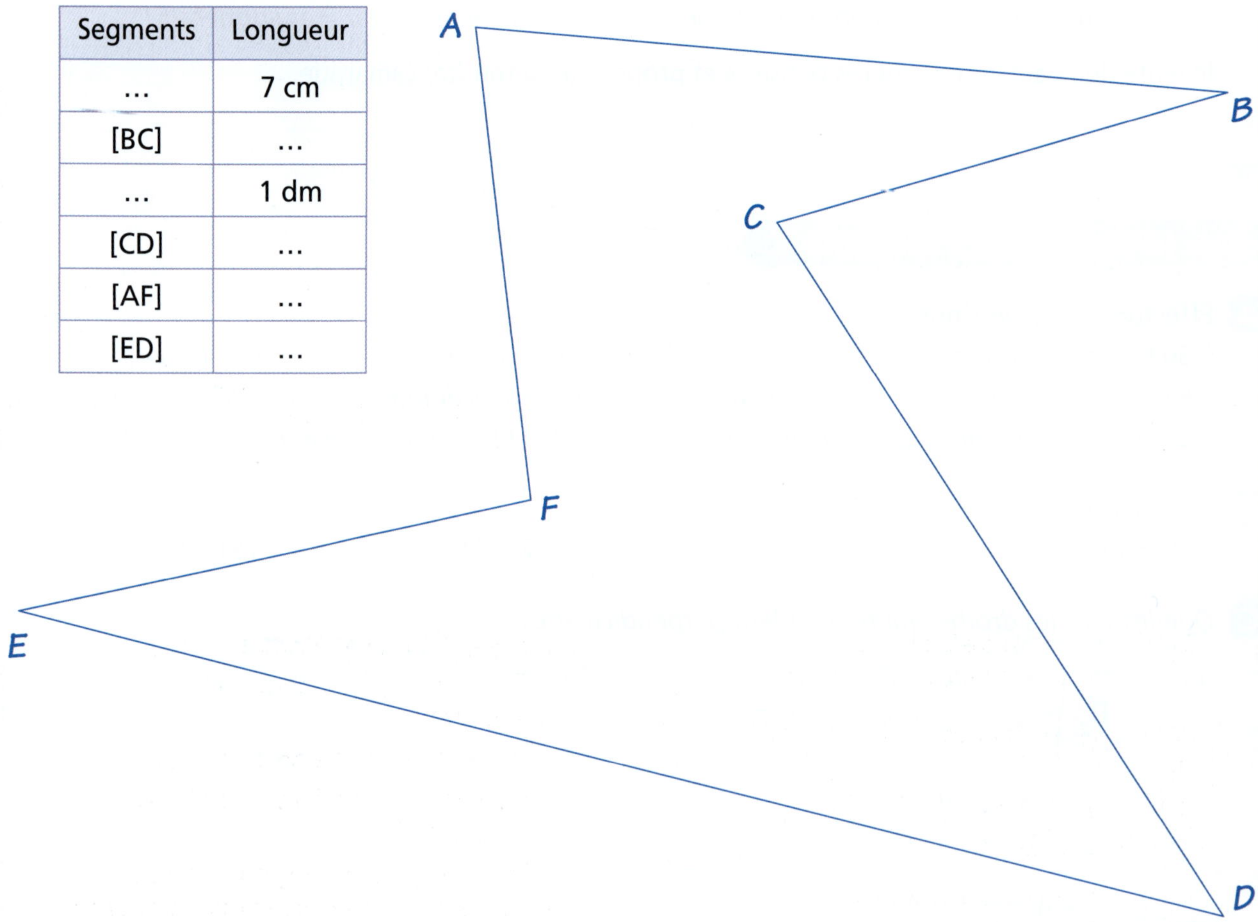

5 Effectue ces conversions.

- 145 minutes *(il faut faire apparaitre les heures)*
- 195 m *(il faut faire apparaitre les hm)*
- 273 km *(il faut faire apparaitre les dam)*
- 92 pouces *(il faut faire apparaitre les pieds)*
- 101 jours *(il faut faire apparaitre les heures)*
- 607 dm *(il faut faire apparaitre les mm)*

6 Le jeu du **portrait**

- *Ce n'est pas un quadrilatère.*
- *Il a un angle de $\frac{1}{2}$ angle droit.*
- *Un de ses côtés mesure 72 mm.*

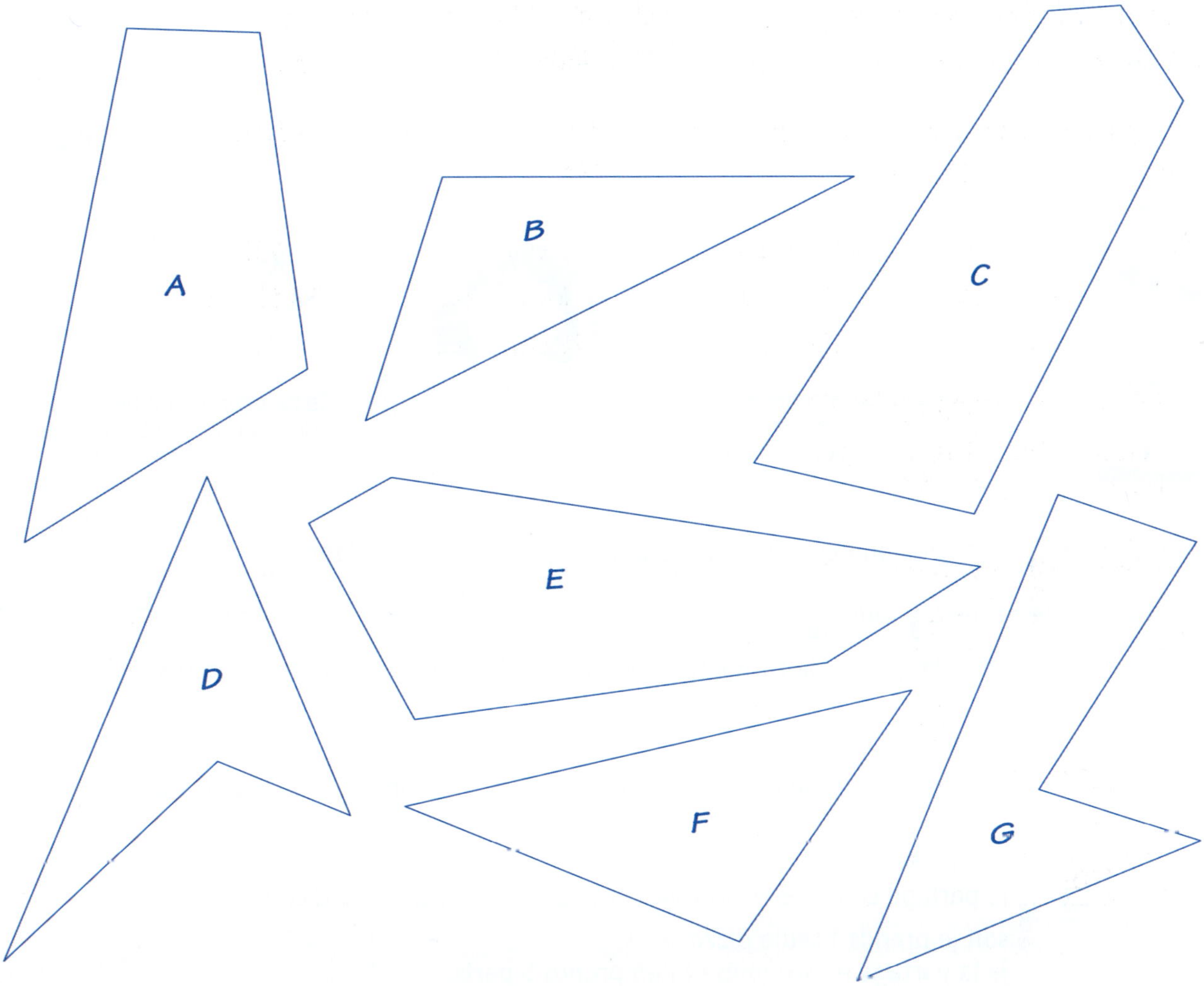

Problèmes

7

1. *Combien de paquets de 3 stylos peut-on former avec 24 293 stylos ?*

2. Marie a 1 461 timbres de collection. Sophie en a 1 297.
Combien Marie a-t-elle de timbres de plus que Sophie ?

3. Un train comporte 5 wagons. Dans chaque wagon, il y a 4 rangées de 18 places.
Combien de places y a-t-il dans ce train ?

4. Vingt-trois enfants se partagent équitablement 167 bonbons.
Quelle est la part de chaque enfant ?

5. **Construction géométrique**
   - a. Trace un cercle de centre O et de rayon 6 cm.
   - b. Trace un diamètre de ce cercle.
   - c. Place sur ce diamètre un point A à 4 cm de O.
   - d. Trace la droite D perpendiculaire au diamètre du cercle et passant par A.
   - e. Appelle B et C les intersections de la droite D et du cercle.
   - f. Trace OBC.

   Que peux-tu dire de ce triangle ?

32 « 5 divisé par 6 », c'est aussi « 5 sixièmes »

CALCUL MENTAL
« **Je pense à un nombre.** » Voir p. 11.

Je découvre

1 → **Cahier d'activités page 4**

2 Observe comment Gino et Fino répondent à Mathilde.

3 a. Dessine comme Gino, puis comme Fino, la part de pizza correspondant à $\frac{3}{8}$.

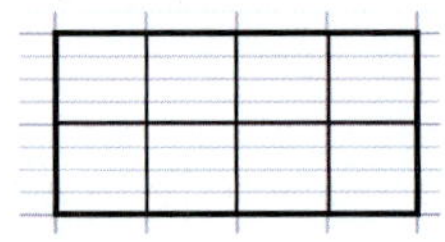

b. Fais de même avec $\frac{2}{3}$, puis $\frac{7}{10}$.

Tu peux dessiner des pizzas de forme rectangulaire et les partager comme ci-dessus.

> **Je me rappelle**
>
> Il y a deux façons de représenter la part correspondant à 5 pizzas partagées équitablement entre 6 personnes :
>
> - soit je prends 5 pizzas, je partage chacune en sixièmes et je prends une part dans chaque ;
> - soit je prends 1 seule pizza, je la partage en sixièmes et j'en prends 5 parts.
>
> $\frac{5}{6}$ se lit « **5 divisé par 6** » ; mais on peut le lire aussi « **5 sixièmes** ».
>
> Dans la fraction $\frac{3}{10}$
>
> ce nombre est le **dénominateur**, il nous permet de **dénommer** la fraction (ici, se sont des dixièmes).
>
> ce nombre est le **numérateur**, il nous indique le **nombre** de dixièmes (ici, il y en a 3).

4 Écris sous forme de fraction :

Trois cinquièmes *Neuf dixièmes* *Un tiers* *Quarante-sept centièmes*

5 Écris des fractions correspondant aux parties colorées.

a. 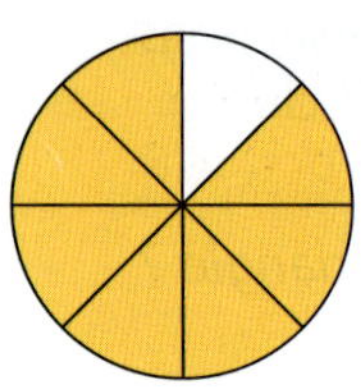

b. 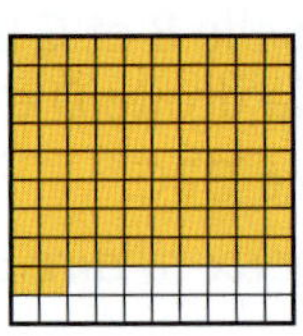

c. 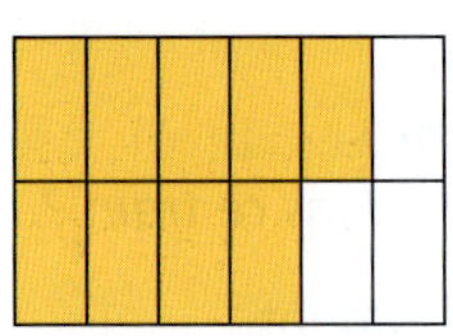

d. 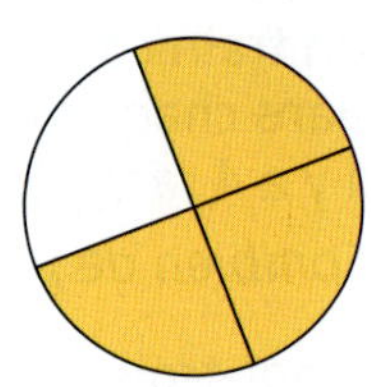

e. 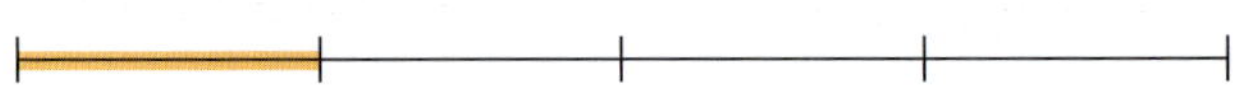

f. 

CALCUL MENTAL
« **Je pense à un nombre.** » Voir p. 11.

33 Fractions équivalentes < 1

Je découvre

1 → **Cahier d'activités page 5 et 6**

Je me rappelle

Pour comparer $\frac{3}{4}$ et $\frac{82}{100}$, il faut savoir que $\frac{3}{4}$ c'est $\frac{75}{100}$.

Pour comparer $\frac{1}{2}$ et $\frac{4}{10}$, il faut savoir que…

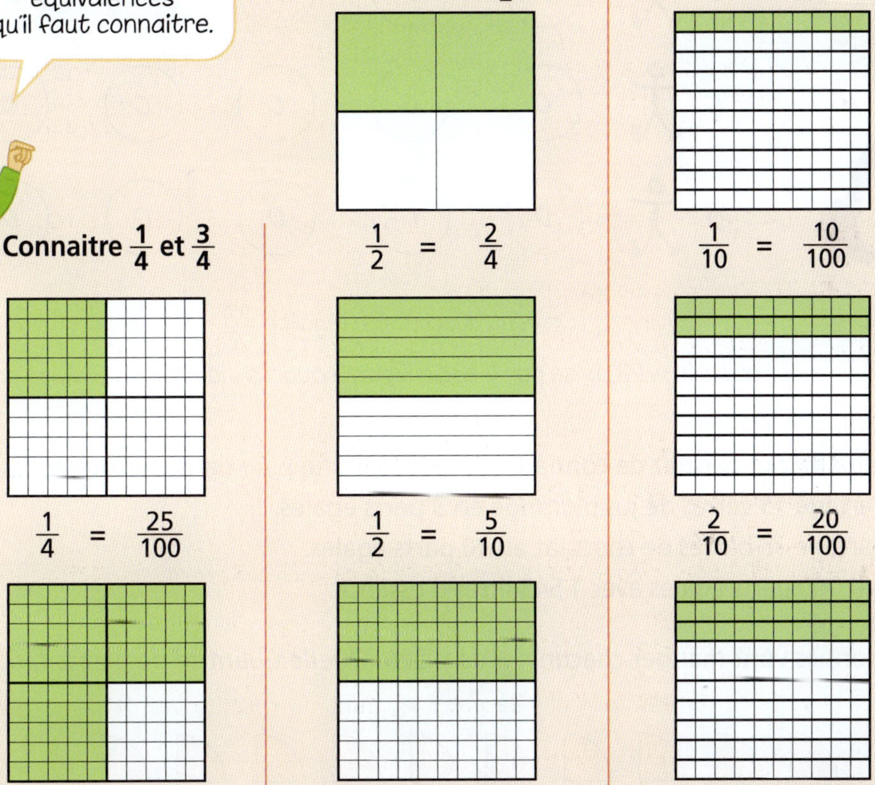

Connaitre $\frac{1}{4}$ et $\frac{3}{4}$

$\frac{1}{4} = \frac{25}{100}$

$\frac{3}{4} = \frac{75}{100}$

Connaitre $\frac{1}{2}$

$\frac{1}{2} = \frac{2}{4}$

$\frac{1}{2} = \frac{5}{10}$

$\frac{1}{2} = \frac{50}{100}$

Connaitre les dixièmes

$\frac{1}{10} = \frac{10}{100}$

$\frac{2}{10} = \frac{20}{100}$

$\frac{3}{10} = \frac{30}{100}$ Etc.

Je deviens performant

A Le **nombre** pensé

- Je pense à un nombre… Je le multiplie par 7 et j'obtiens 42 672. *Quel est ce nombre ?*
- Je pense à un nombre… Je le multiplie par 8 et j'obtiens 860 864. *Quel est ce nombre ?*

B Dessine $\frac{3}{4}$ de pizza comme Gino, puis comme Fino. Fais de même avec $\frac{5}{8}$.

C → **Cahier d'activités page 6**

34 « 11 divisé par 4 », c'est aussi « 11 quarts »

CALCUL MENTAL
« Je pense à un nombre. » Voir p. 11.

Je découvre

1 a. On partage équitablement 23 tartelettes entre 4 personnes. *Quelle sera la part d'une personne ?*

Je calcule la division avec reste **23 : 4 ?** q = 5, r = 3. Il reste 3 qu'il faut aussi partager en 4.

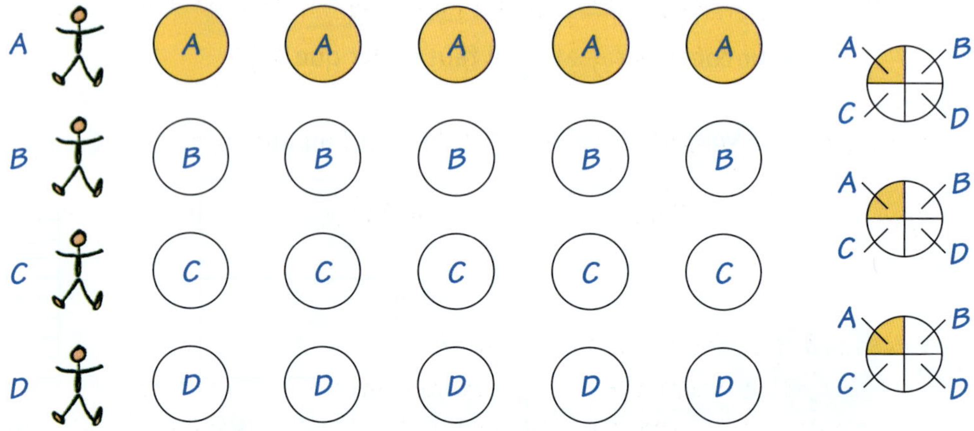

On peut aussi écrire l'égalité $\frac{23}{4} = 5 + \frac{3}{4}$,
qu'on lit : « 23 divisé par 4 égale 5 plus 3 quarts » (ou « 5 plus 3 divisé par 4 »).

b. Écris l'égalité qui permet de connaitre la valeur d'une part dans chacun de ces problèmes.
- On partage 14 verres de jus d'orange en 3 parts égales.
- On partage 36 barres de chocolat en 10 parts égales.
- On fait 100 parts égales avec 1 543 litres d'essence.

2 a. 23 personnes vont manger chacune $\frac{1}{4}$ de pizza. *Quelle quantité de pizzas faut-il ?*

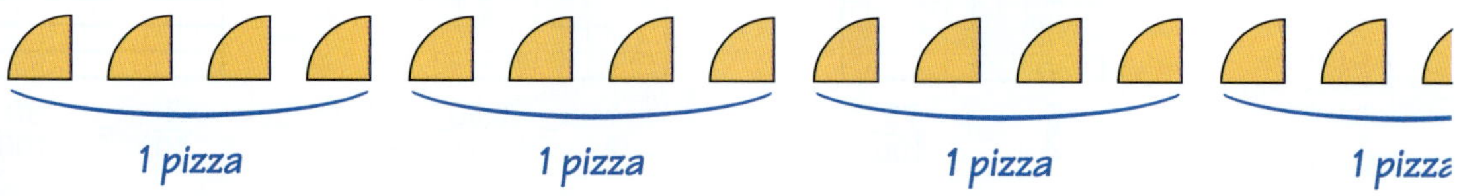

À chaque fois qu'il y a 4 quarts dans 23 quarts, il faut une pizza entière.
Je fais donc la division de 23 par 4 : ça fait 5 pizzas entières et il faut encore 3 quarts.

Moi aussi, je peux écrire l'égalité $\frac{23}{4} = 5 + \frac{3}{4}$.
$\frac{23}{4}$ c'est 23 divisé par 4, mais c'est aussi 23 quarts.

b. Écris l'égalité qui permet de connaitre la quantité nécessaire dans chacun de ces problèmes.
- 35 personnes vont manger chacune $\frac{1}{6}$ de tarte.
- 257 personnes vont manger chacune $\frac{1}{10}$ de brioche.
- 293 personnes vont manger chacune $\frac{1}{100}$ d'une pizza géante.

J'ai appris

La division-fraction $\frac{11}{4} = 2 + \frac{3}{4}$ permet de résoudre deux sortes de problèmes :

- ceux où l'on partage 11 unités en 4 parts égales et où l'on partage le reste ;
- ceux où l'on cherche combien font 11 fois $\frac{1}{4}$ (« 11 fois un quart » ou « 11 quarts »).

Attention :

Une division-fraction peut s'écrire de deux façons : $\frac{11}{4} = 2 + \frac{3}{4}$ ou $11 : 4 = 2 + \frac{3}{4}$

Quand on utilise le signe « : »

- s'il est suivi d'un point d'interrogation (?), c'est une division avec reste ;
- s'il est suivi du signe égal (=), c'est une division-fraction.

3 Calcule (il y a des divisions-fractions et des divisions avec reste).

$\frac{67}{8} =$ 6 774 : 7 ? 487 : 5 = 923 : 10 ? 8 207 : 100 =

Problèmes

4 *Pour chacun, quelle division utilises-tu ?*

1. 89 enfants mangent dans un restaurant scolaire. On distribue $\frac{1}{3}$ de melon à chaque enfant.
Quelle quantité de melons est ainsi distribuée ?

2. Cinq enfants se partagent équitablement 97 billes.
Combien de billes aura chaque enfant ?

3. On répartit 7 litres d'eau en quantités égales dans 3 récipients.
Quelle quantité d'eau chaque récipient contient-il ?

Je deviens performant

Le jeu du **portrait**

- *Il a un angle droit et un autre qui mesure $\frac{1}{3}$ d'angle droit.*
- *Ce n'est pas un quadrilatère.*

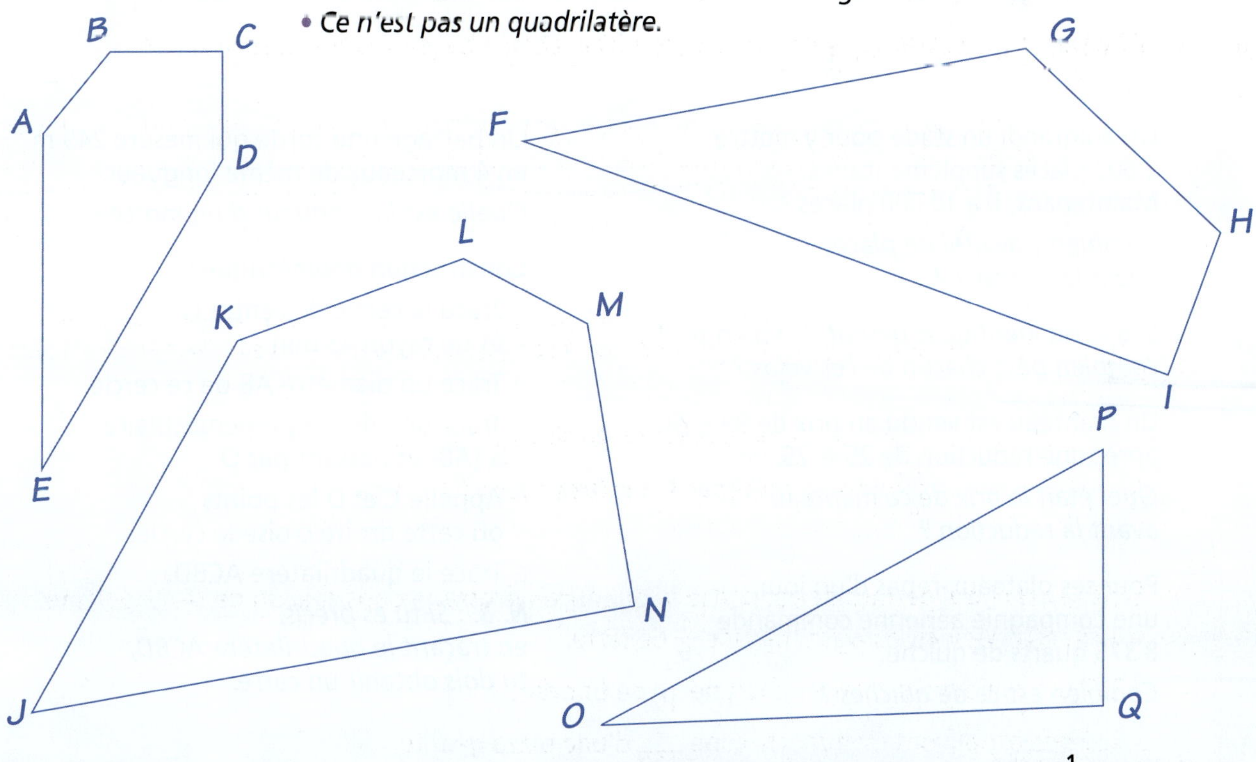

Pour chaque solution, indique le sommet dont l'angle est droit et celui dont l'angle mesure $\frac{1}{3}$ d'angle droit.

35 Problèmes pour apprendre à chercher

CALCUL MENTAL
Calculs proposés par écrit.
Comparaison de fraction. Voir p. 11.

J'analyse trois résolutions

Problème : Des randonneurs veulent parcourir un circuit de 39 km en 4 étapes.

Si les étapes sont exactement de même longueur, quelle est la longueur d'une étape ?

Voici les solutions de Cécile, Mélanie et Sébastien.

Cécile

Je calcule 39 : 4 = ...

$39 : 4 = 9 + \frac{3}{4}$

La longueur d'une étape sera de 9 km + $\frac{3}{4}$ km.

Mélanie

Je calcule 39 : 4 = ...

$39 : 4 = 9 + \frac{3}{4}$

La réponse est 9 km + $\frac{3}{4}$ km.

J'exprime $\frac{3}{4}$ km en m :

$\frac{1}{4}$ km = 1000 m : 4

$\frac{1}{4}$ km = 250 m

$\frac{3}{4}$ km = 750 m

La longueur d'une étape sera de 9 km et 750 m.

Sébastien

Je calcule 39 : 4 ?

q = 9 r = 3

car 39 = (4 x 9) + 3

La longueur d'une étape sera de 9 km et il restera 3 km.

Quelle(s) solution(s) conviennent ? Pourquoi la ou les autres ne conviennent-elles pas ?

Problèmes variés

1. On a agrandi un stade pour y mettre 2 600 places supplémentaires. Maintenant, il a 10 000 places.
Combien y avait-il de places avant les travaux ?

2. *Si 8 vélos identiques pèsent 73 kg en tout, combien pèse chacun de ces vélos ?*

3. Un manteau est vendu au prix de 99 € 50 après une réduction de 25 € 75.
Quel était le prix de ce manteau avant la réduction ?

4. Pour ses plateaux-repas d'un jour, une compagnie aérienne commande 8 375 quarts de quiche.
Combien est-ce de quiches ?

5. On partage une corde qui mesure 249 m en 4 morceaux de même longueur.
Quelle est la longueur d'un morceau ?

6. **Construction géométrique :**
   a. Trace le cercle de centre O et de rayon 45 mm.
   b. Trace un diamètre AB de ce cercle.
   c. Trace une droite perpendiculaire à [AB] et passant par O.
   d. Appelle C et D les points où cette droite croise le cercle.
   e. Trace le quadrilatère ACBD.

   ***N. B.** : Si tu es précis, en traçant le quadrilatère ACBD, tu dois obtenir un carré.*

36 Problèmes pour apprendre à chercher

CALCUL MENTAL

1. **Calculs proposés par écrit**
   Comparaison de fractions. Voir p. 11.
2. **Révision des tables de 6 et 7**, puis divisions par 6 et par 7 mélangées, jusqu'à $q = 10$.

Je recherche les informations pertinentes

a. On connait l'énoncé d'un problème et le travail d'un enfant qui l'a résolu correctement. Mais les phrases où il justifie ses calculs (elles sont soulignées en vert) sont incomplètes.
Complète ces phrases sur ton cahier.

Marion achète un album de photos de 64 pages.
On peut y ranger 4 photos par page.
Elle veut y ranger 39 photos en utilisant le moins possible de pages.
Combien de pages de l'album resteront vides ?

1°) Je cherche le nombre de
39 : 4 ?   q = 9   r = 3
car 39 = (9 x 4) + 3
Il y aura 10
2°) Je cherche combien de
64 – 10 = 54
Il y aura 54

b. Même activité.

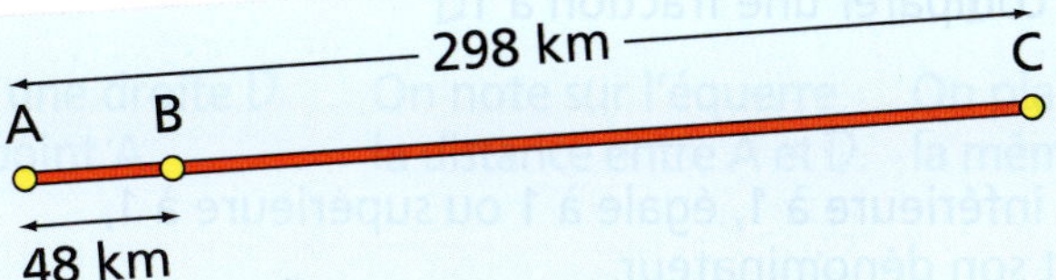

Pour aller de la ville B à la ville C, Mme Azziz prend sa voiture, qui consomme environ 8 litres d'essence aux 100 km.
Combien de litres d'essence (environ) consommera-t-elle ?

1°) Je cherche combien de
298 – 48 = 250
Il y a 250
2°) Je cherche le nombre d
100 → 8
200 → 8 + 8
250 → 8 + 8 + 4
Mme Azziz

Problèmes variés

1. La distance Paris-Madrid est de 1 044 km. C'est exactement 3 fois plus que celle de Paris à Londres.
Quelle est la distance de Paris à Londres ?

2. Un salon de jardin comportant 4 chaises et une table est vendu au prix de 207 €. La table vaut 150 €.
Quel est le prix d'une chaise ?

3. « J'ai lancé le javelot à 26 m », dit Leila. « Et moi, à 2 480 cm », dit Marie-Jo.
Qui a fait le lancer le plus long ?
Quelle longueur sépare ces deux lancers ?

4. Christophe Colomb avait 42 ans quand il a découvert l'Amérique, en 1492.
En quelle année et dans quel siècle est-il né ?

5. **« Je suis un nombre…**
qui s'écrit avec 5 chiffres arabes.
Deux de mes chiffres sont 0.
Mon chiffre des milliers est le quart de celui des unités.
Mon chiffre des unités est pair et supérieur à 6.
Celui des dizaines de milliers est le double de celui des milliers.
Quel nombre suis-je ? »

39 Sommes de fractions décimales (1) : $\frac{1}{2}$, $\frac{1}{4}$, $\frac{1}{10}$, $\frac{1}{100}$

CALCUL MENTAL

1. **Calculs proposés par écrit**
   Comparaison de fractions. Voir p. 11.
2. **Révision des tables de 8 et 9**, puis divisions par 8 et par 9 mélangées jusqu'à $q = 10$.

Je découvre

1 → **Cahier d'activités page 9**

2 a. Vérifie que chacun des deux carrés ci-dessous est partagé en demis, quarts, dixièmes et centièmes.

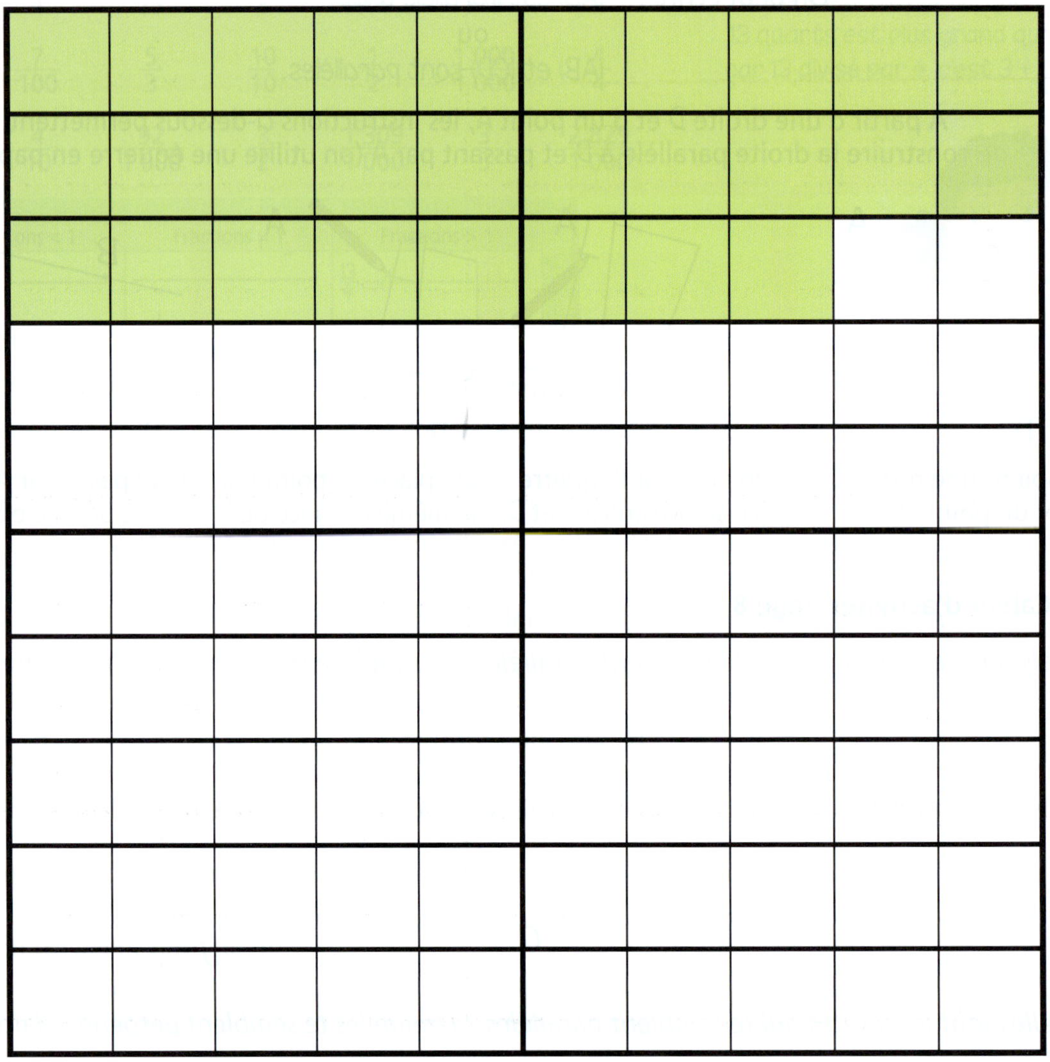

b. Quelle fraction du carré ci-dessus est représentée par la partie colorée ?

c. Dans ces sommes de deux fractions, la première est $\frac{28}{100}$. Imagine la seconde sur le ou les carrés.

$\frac{28}{100} + \frac{2}{100}$ $\frac{28}{100} + \frac{1}{4}$ $\frac{28}{100} + \frac{4}{10}$ $\frac{28}{100} + \frac{1}{2}$ $\frac{28}{100} + \frac{6}{10}$

$\frac{28}{100} + \frac{72}{100}$ $\frac{28}{100} + \frac{3}{4}$ $\frac{28}{100} + \frac{8}{10}$ $\frac{28}{100} + \frac{5}{4}$ $\frac{28}{100} + \frac{181}{100}$

3 Calcule ces additions.

$\frac{3}{4} + \frac{32}{100}$ $\frac{1}{4} + \frac{2}{10} + \frac{5}{100}$ $\frac{59}{100} + \frac{1}{2}$ $\frac{3}{10} + \frac{4}{100}$ $\frac{3}{4} + \frac{1}{2}$

d. Calcule en imaginant les parties correspondantes sur le carré ci-dessous :

$\frac{3}{10} + \frac{2}{100}$ $\frac{4}{10} + \frac{7}{100}$ $\frac{6}{10} + \frac{3}{100}$ $\frac{8}{10} + \frac{5}{100}$ $\frac{9}{10} + \frac{9}{100}$

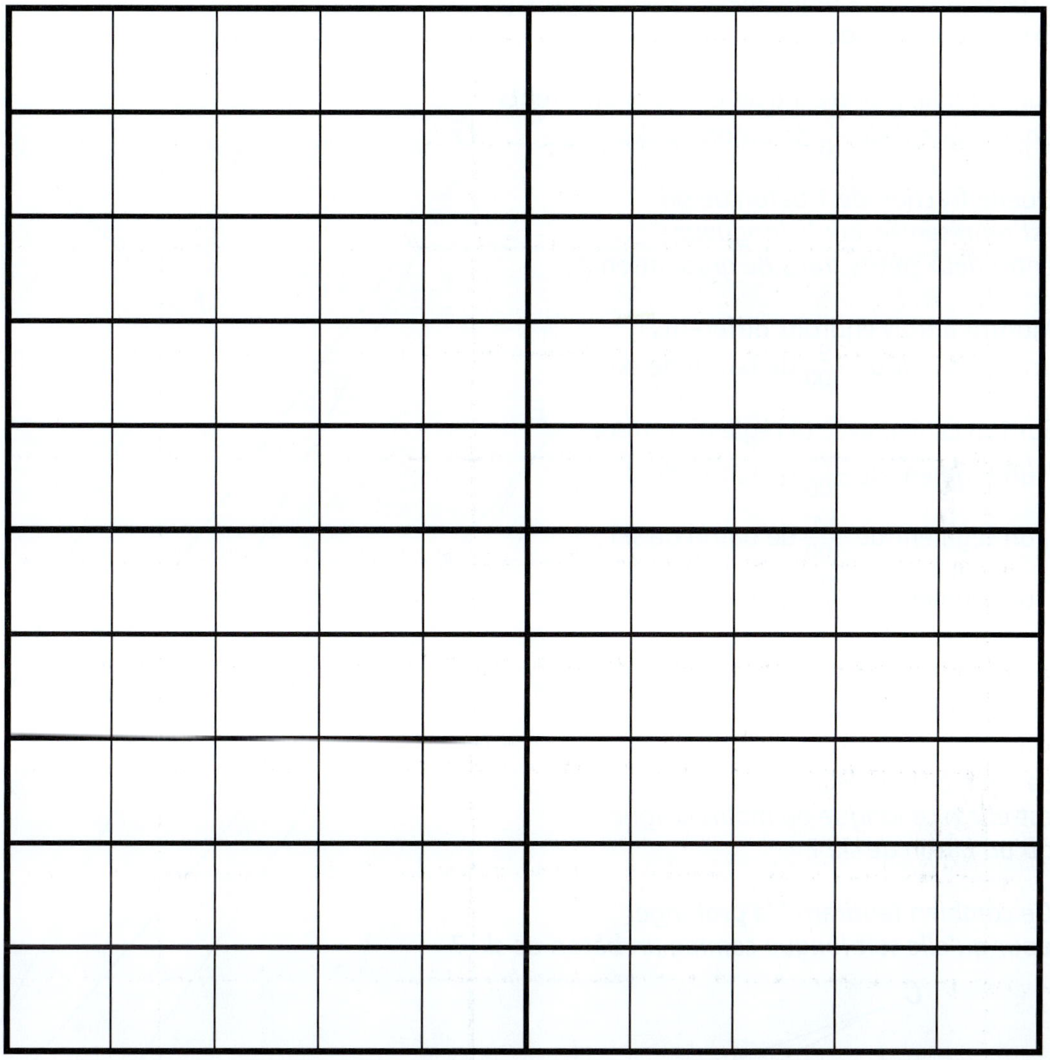

Je me rappelle

Pour additionner des demis et des dixièmes…
je transforme les demis en dixièmes.

Pour additionner des demis, des quarts, des dixièmes et des centièmes…
je transforme les demis, les quarts et les dixièmes en centièmes.

Les additions comme $\frac{2}{10} + \frac{7}{100}$ ou $\frac{6}{10} + \frac{3}{100}$ sont particulièrement faciles !

Je deviens performant

Calcule (il y a des divisions-fractions et des divisions avec reste).

23 587 : 8 = 4 259 : 862 ? $\frac{173}{50} =$ 693 : 86 ? 18 607 : 100 = 46 201 : 6 ?

40 Sommes de fractions décimales (2) : $\frac{1}{2}, \frac{1}{4}, \frac{1}{10}, \frac{1}{100}$

CALCUL MENTAL

1. **Calculs proposés par écrit**
   Comparaison de fractions. Voir p. 12.
2. **Révision du calcul de complément à 100.**
   Voir p. 10.

Je découvre

1 Montre entre tes mains une longueur correspondant approximativement à un bâton de ski.
Détache la règle n° 1 de ton cahier d'activités. Elle a été graduée en prenant le bâton de ski comme unité.

a. « 0 » figure sur la règle, mais « 1 » n'y figure pas.
Explique pourquoi.

b. Sur ta règle, montre à trois endroits différents une longueur de $\frac{1}{10}$ de bâton de ski.

c. *Quelle fraction de 1 bâton de ski est représentée par la longueur entre deux petits traits de graduation ?*

d. Montre à trois endroits différents une longueur de $\frac{9}{100}$ de bâton de ski.

e. Sur ton cahier, avec ta règle n° 1, trace :

- un segment de $\frac{7}{100}$ de bâton de ski ;
- un segment de $\frac{14}{100}$ de bâton de ski ;
- un segment de $\frac{19}{100}$ de bâton de ski.

2 a. *La ligne brisée ABCDEFGHIJ est-elle plus longue ou moins longue qu'un bâton de ski ?*

b. *De combien faudrait-il la prolonger pour qu'elle soit longue comme un bâton de ski ?*

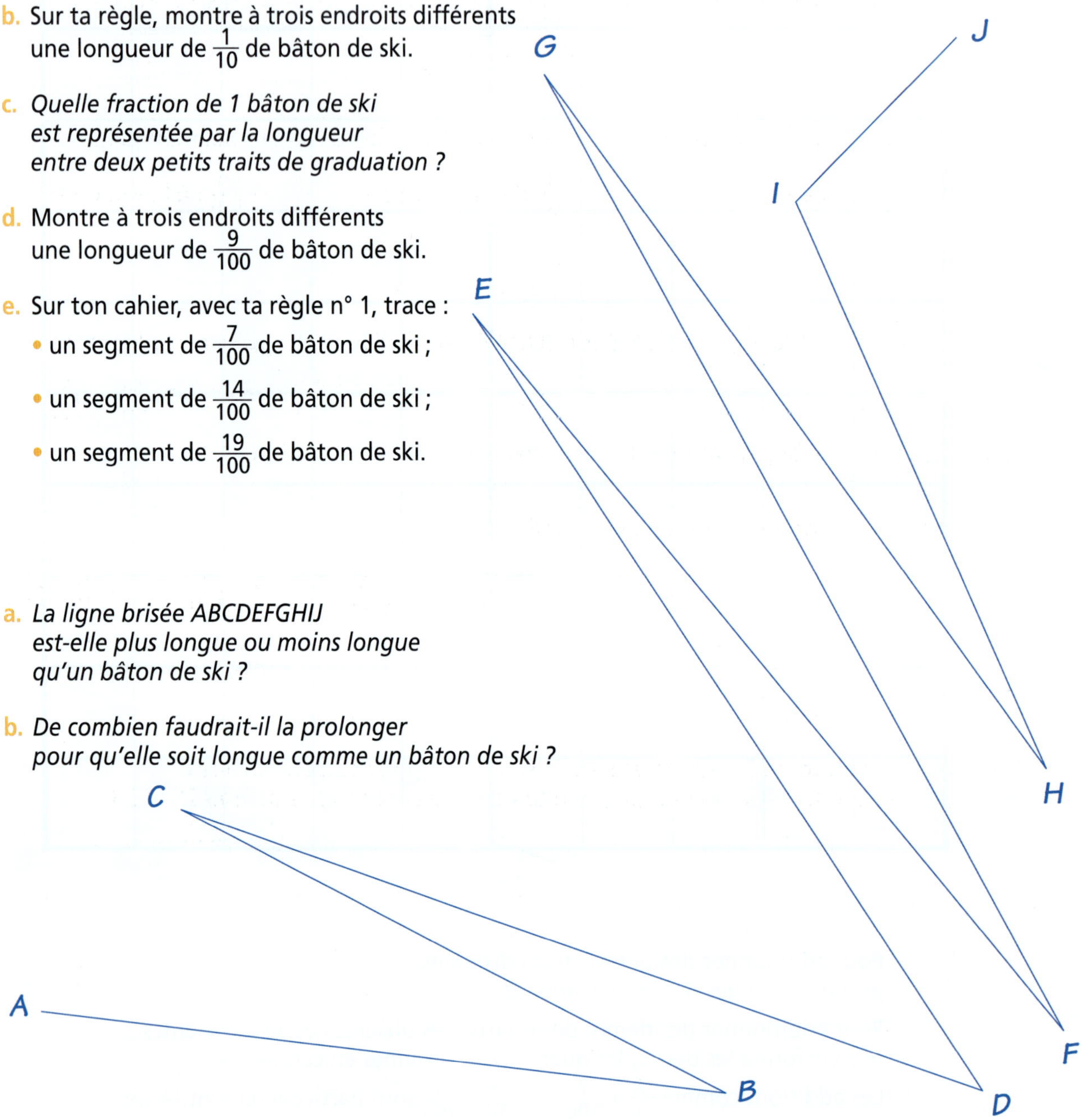

3

Quel est le nombre le plus proche de 1 ?	*Quel est le nombre le plus proche de 5 ?*	*Quel est le nombre le plus proche de 13 ?*
$\frac{8}{10} + \frac{3}{100}$ ou $1 + \frac{2}{10}$	$4 + \frac{7}{10}$ ou $5 + \frac{2}{10} + \frac{6}{100}$	$12 + \frac{7}{10} + \frac{2}{100}$ ou $13 + \frac{1}{4}$

4 a. Avec ta règle, trace une ligne brisée qui mesure $\frac{38}{100}$ de bâton de ski.

b. Trace une autre ligne brisée qui mesure $\frac{54}{100}$ de bâton de ski.

J'ai appris

Avec la règle graduée en dixièmes et centièmes de bâton de ski, pour tracer :

- une ligne brisée qui mesure $\frac{57}{100}$ de bâton de ski, je peux utiliser l'égalité

$$\frac{57}{100} = \frac{5}{10} + \frac{7}{100}$$

- une ligne brisée qui mesure $\frac{73}{100}$ de bâton de ski, je peux utiliser l'égalité

$$\frac{73}{100} = \frac{7}{10} + \frac{3}{100}$$

Etc.

c. Écris les égalités qui te permettraient de tracer des lignes brisées ayant pour longueur :

- $\frac{34}{100}$ de bâton de ski
- $\frac{59}{100}$ de bâton de ski
- $\frac{90}{100}$ de bâton de ski

5 **Qui** va là **?**

$$3 + \frac{4}{10} < ? < 3 + \frac{5}{10}$$

Dès qu'un nombre de la liste ci-dessous convient, recopie la double inégalité en y plaçant ce nombre.

$3 + \frac{3}{10} + \frac{7}{100}$ $3 + \frac{8}{10}$ $3 + \frac{42}{100}$ $3 + \frac{5}{100}$ $3 + \frac{4}{10} + \frac{9}{100}$

Trouve un autre nombre qui convient et qui n'est pas déjà dans cette liste.

6 Range ces nombres du plus petit au plus grand.

$1 + \frac{6}{10} + \frac{8}{100}$ 2 $1 + \frac{7}{10}$ 1 $\frac{21}{10}$ $\frac{169}{100}$ $2 + \frac{9}{100}$ $\frac{9}{10} + \frac{7}{100}$

Je deviens performant

Chacun de ces polygones a deux côtés parallèles et deux côtés perpendiculaires.
Dis lesquels en utilisant les formulations que tu as apprises dans les séquences 28 et 38.

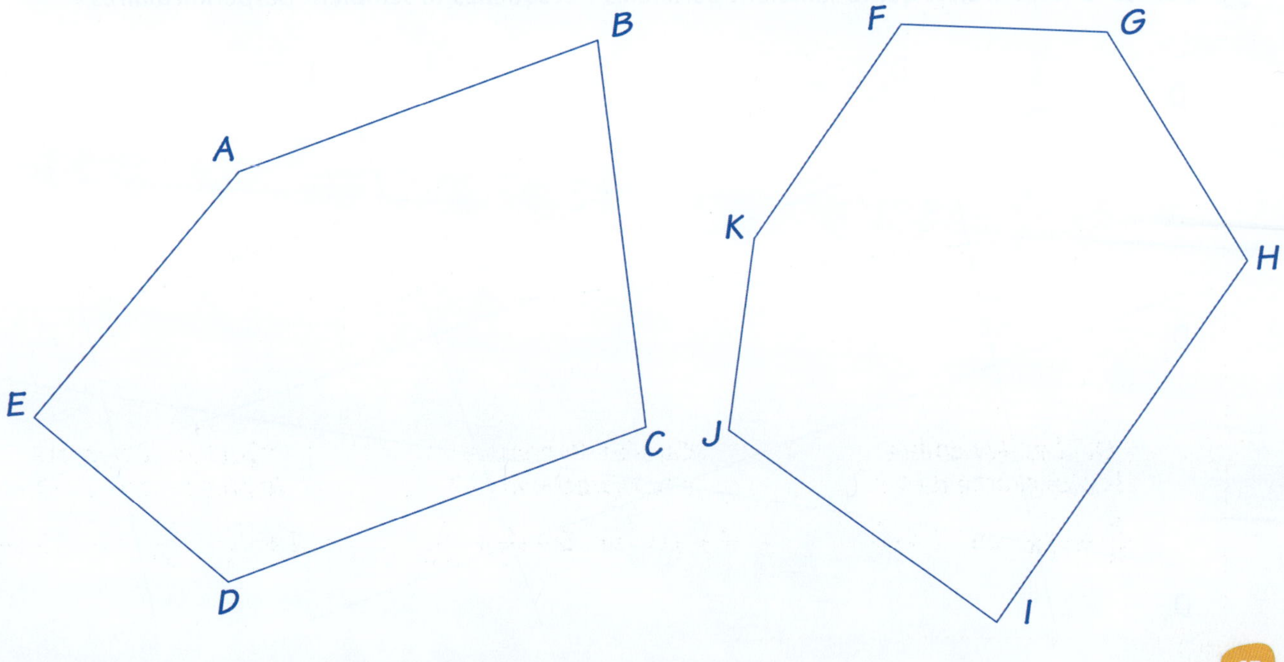

41 Fractions décimales (les millièmes) : équivalences

CALCUL MENTAL

1. **Calculs proposés par écrit**
   Somme de fractions élémentaires. Voir p. 12.
2. **Révision du calcul de compléments à 1 000**.
   Voir p. 10.

Je découvre

1 → Cahier d'activités pages 10 et 11

J'ai appris

Pour comparer des **millièmes** avec des **dixièmes**, il faut transformer les dixièmes en millièmes :

$\frac{1}{10} = \frac{100}{1\,000}$ $\frac{2}{10} = \frac{200}{1\,000}$ $\frac{3}{10} = \frac{300}{1\,000}$ … $\frac{9}{10} = \frac{900}{1\,000}$ … etc.

Pour comparer des **millièmes** avec des **centièmes**, il faut transformer les centièmes en millièmes :

$\frac{1}{100} = \frac{10}{1\,000}$ $\frac{2}{100} = \frac{20}{1\,000}$ $\frac{3}{100} = \frac{30}{1\,000}$ … $\frac{9}{100} = \frac{90}{1\,000}$ … $\frac{24}{100} = \frac{240}{1\,000}$ … etc.

Pour comparer des **millièmes** avec des **demis** et des **quarts**, il faut connaitre ces équivalences :

$\frac{1}{2} = \frac{500}{1\,000}$ $\frac{1}{4} = \frac{250}{1\,000}$ $\frac{3}{4} = \frac{750}{1\,000}$

2 En t'aidant de ces équivalences, compare les fractions suivantes (utilise les signes >, < ou =).

$\frac{1}{2}$ … $\frac{475}{1\,000}$ $\frac{195}{1\,000}$ … $\frac{2}{10}$ $\frac{3}{4}$ … $\frac{795}{1\,000}$ $\frac{4}{10}$ … $\frac{39}{100}$

$\frac{319}{1\,000}$ … $\frac{35}{100}$ $\frac{71}{100}$ … $\frac{710}{1\,000}$ $\frac{9}{10}$ … $\frac{803}{100}$ $\frac{39}{1\,000}$ … $\frac{3}{10}$

$\frac{9}{10}$ … $\frac{12}{100}$ $\frac{51}{1\,000}$ … $\frac{6}{10}$ $\frac{46}{100}$ … $\frac{458}{1\,000}$ $\frac{980}{1\,000}$ … $\frac{98}{100}$

Je deviens performant

A Calcule (il y a des divisions-fractions et des divisions avec reste).

810 784 : 9 ? 427 : 58 ? $\frac{479\,401}{100}$ = 55 340 : 8 =

B *Quelles sont les droites qui te semblent parallèles ? Lesquelles te semblent perpendiculaires ?*

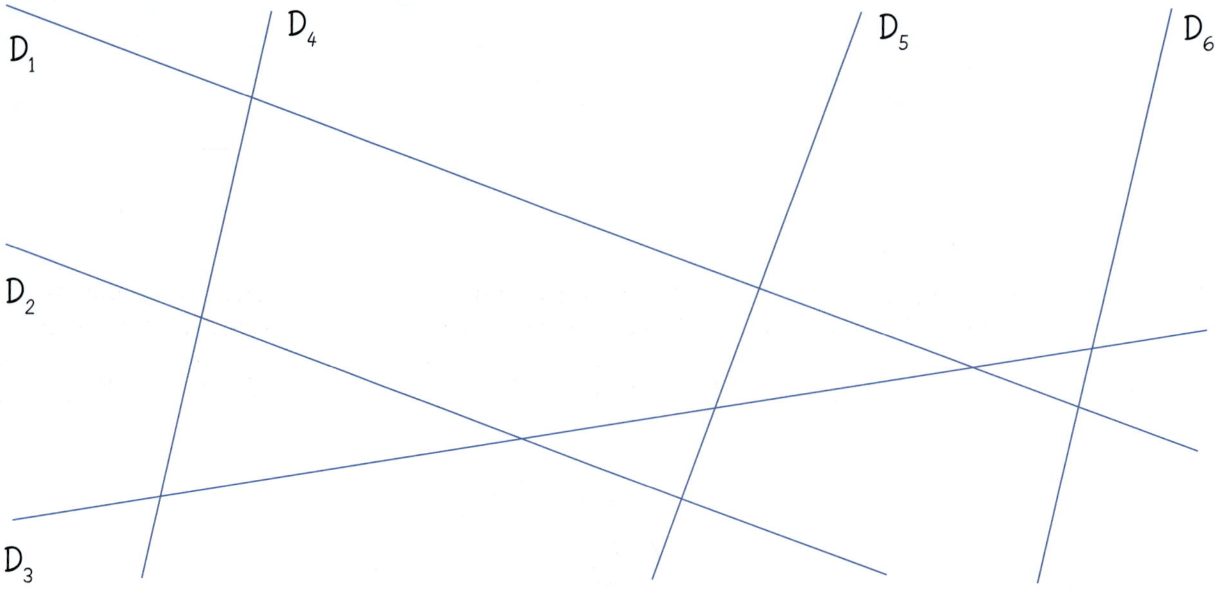

42 Comparaison et mesures d'aires : le cm²

CALCUL MENTAL

1. **Calculs proposés par écrit**
   Comparaison de fractions (dixièmes, centièmes et millièmes). Voir p. 11.
2. **Révision du calcul de compléments à 1 000.** Voir p. 10.

Je découvre

1 a. Détache de ton fichier d'activités le rectangle bleu et l'ellipse (ci-dessous en réduction).

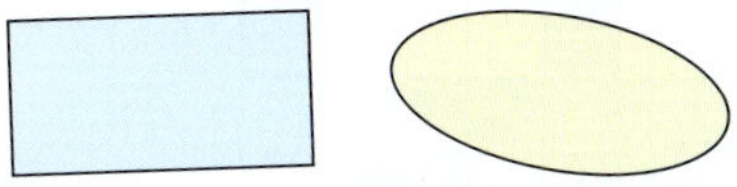

Quelle figure a la plus grande aire (ou la plus grande étendue), l'ellipse ou le rectangle bleu ?
Fais un pari, puis vérifie en découpant l'ellipse.

b. Détache le rectangle vert.

Quel rectangle a la plus grande aire ?
Fais un pari, puis vérifie en découpant l'un des deux rectangles.

2 → **Cahier d'activités page 11**

3 Vérifie que ces figures sont quadrillées en cm². *Quelle est la plus étendue ?*

A

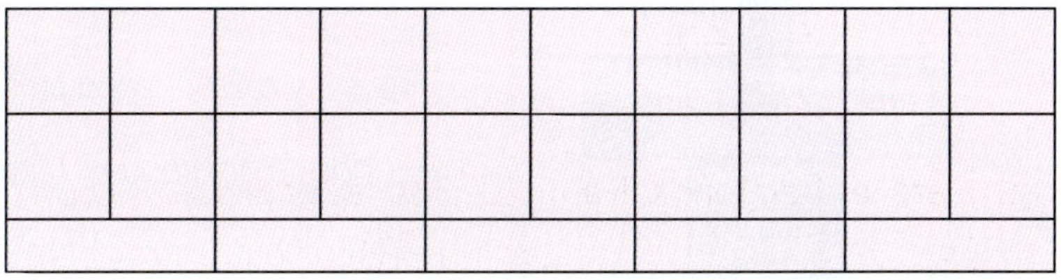

B

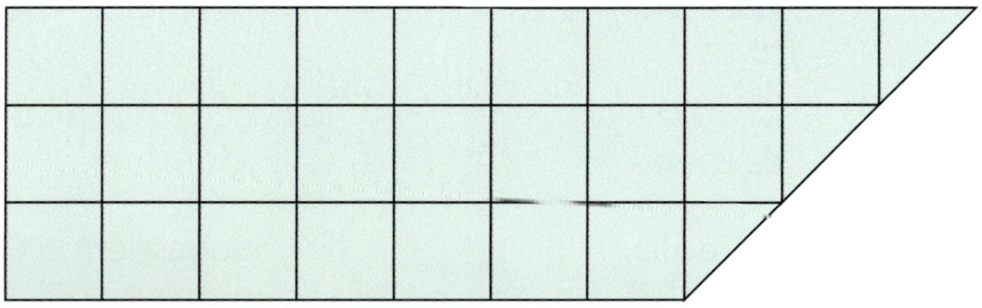

C

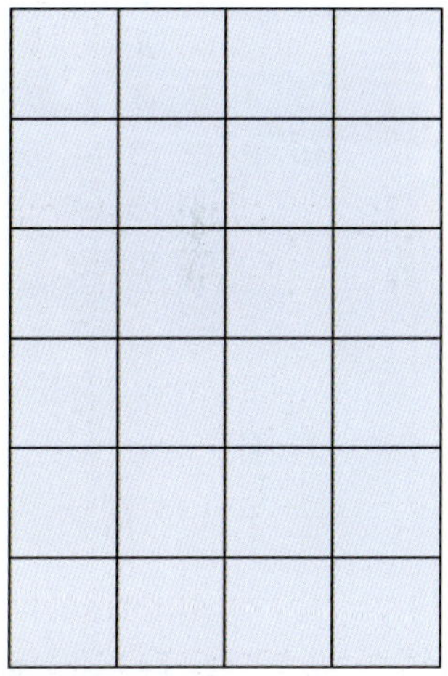

Je me rappelle

1 cm² (on dit « 1 centimètre carré ») :

- c'est l'aire d'un carré de 1 cm de côté

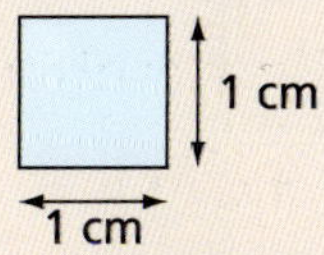

- c'est aussi celle de ce rectangle

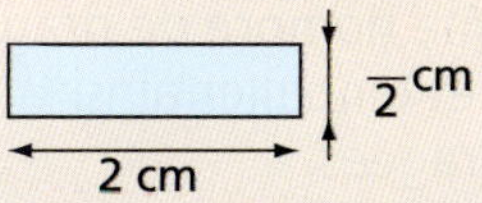

- ou de cet autre rectangle

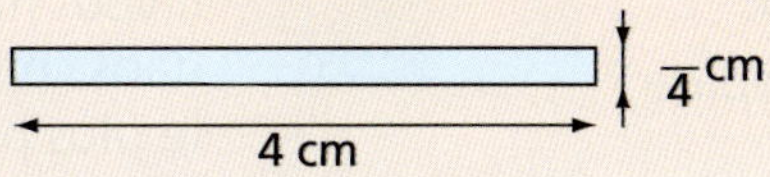

- c'est aussi celle de ce triangle

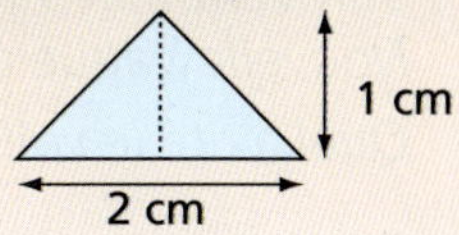

Je deviens performant

A

Quel est le nombre le plus proche de $7 + \frac{6}{10}$?

$7 + \frac{3}{10}$ ou $7 + \frac{6}{10} + \frac{8}{100}$

Quel est le nombre le plus proche de 9 ?

$8 + \frac{7}{10} + \frac{9}{100}$ ou $9 + \frac{2}{10}$

Quel est le nombre le plus proche de 12 ?

$11 + \frac{8}{10}$ ou $12 + \frac{1}{10} + \frac{9}{100}$

B **Qui va là ?**

$$7 + \frac{2}{10} < ? < 7 + \frac{4}{10}$$

$7 + \frac{27}{100}$ $7 + \frac{3}{10} + \frac{9}{100}$ $7 + \frac{42}{100}$ $7 + \frac{15}{100}$ $7 + \frac{1}{10} + \frac{9}{100}$

43 Problèmes pour apprendre à chercher

CALCUL MENTAL
1. **Calculs proposés par écrit**
Comparaison de fractions (dixièmes, centièmes et millièmes), 1. Voir p. 11.
2. **Révision du calcul de compléments à 1 000.**

J'analyse trois résolutions

Problème : Exprime l'aire de la figure bleue en cm².

4 carreaux :

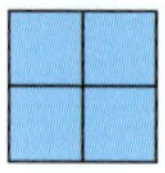

=
1 cm²

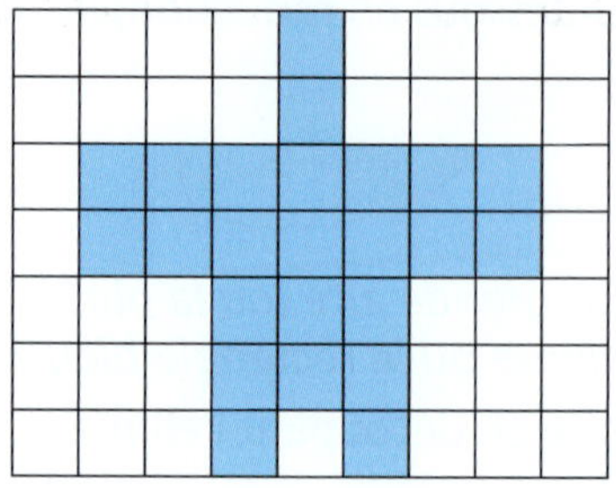

Voici les solutions de Mélanie, Cécile et Sébastien.

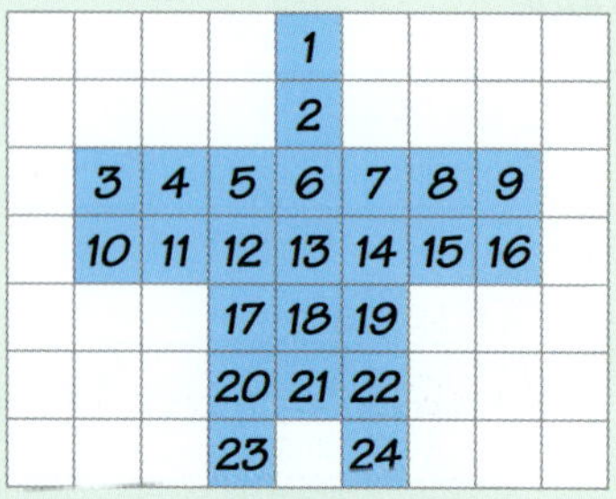

La figure a une aire de 24 cm².

Mélanie

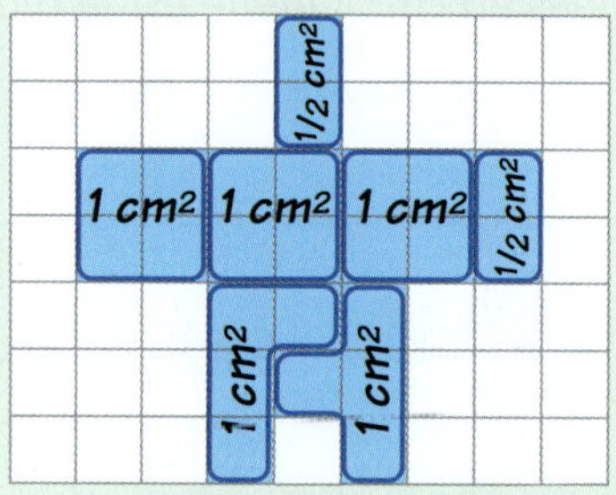

La figure a une aire de 6 cm².

Cécile

Il y a 24 carreaux.

Chaque carreau = $\frac{1}{4}$ cm².

En tout il y a $\frac{24}{4}$ cm².

La figure a une aire de 6 cm².

Sébastien

Quelle(s) solution(s) conviennent ? Pourquoi la ou les autres ne conviennent-elles pas ?

Problèmes variés

1. Deux voiliers font une course au large.
Bon Vent met 9 h 47 min pour rallier l'arrivée.
Nouvelle Vague met 583 min.
Quel a été le voilier le plus rapide ?

2. *Exprime en cm² l'aire de la figure verte :*

4 triangles :

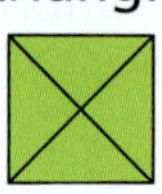

=
1 cm²

3. Un confiseur a fabriqué 6 000 dragées et dispose de 798 cornets.
Il veut mettre le même nombre de dragées dans chaque cornet et emballer ainsi le plus possible de dragées.
Combien de dragées doit-il mettre dans chaque cornet ?

4. *Avec une bonbonne qui contient 4 litres de liquide et des verres qui peuvent contenir chacun $\frac{1}{3}$ de litre, combien de ces verres peut-on remplir ?*

5. *Combien d'heures un adulte passe-t-il à faire la vaisselle dans une année, s'il y consacre un quart d'heure par jour ?* (Considère qu'une année a 365 jours.)

44 Problèmes pour apprendre à chercher

CALCUL MENTAL
1. **Calculs proposés par écrit**
Comparaison de fractions
(dixièmes, centièmes et millièmes). Voir p. 11.

Je recherche les informations pertinentes

La tour Eiffel est le monument de Paris le plus élevé (318 m avec l'antenne).
On te donne ci-dessous la hauteur d'autres édifices parisiens.

Sacré-Cœur

91 m

Arc de triomphe

50 m

Notre-Dame

81 m

Tour Montparnasse

210 m

Tour CB21 (La Défense)

187 m

Grande Arche

110 m

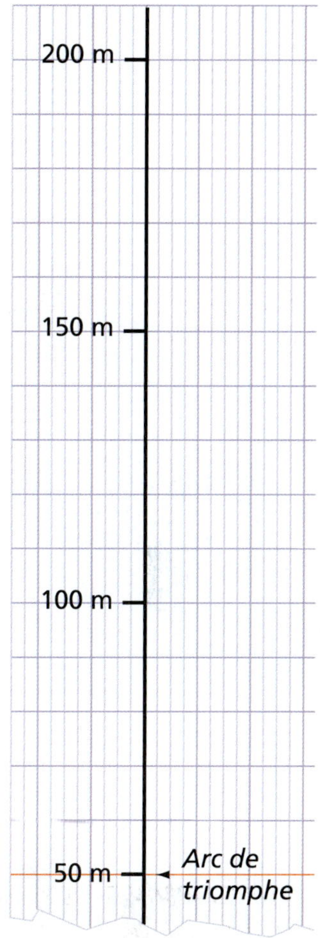

Reproduis le morceau de demi-droite graduée ci-contre en respectant le nombre de carreaux entre deux graduations.
Utilise ton cahier dans le sens de la largeur (observe où est le trait rouge de la marge). Places-y les édifices parisiens, comme on l'a fait avec l'Arc de triomphe.

Problèmes variés

1. Cinq cars identiques sont rangés les uns derrière les autres.
Ils forment une longueur totale de 61 m.
Quelle est la longueur d'un car ?

2. Le 31 décembre, dans un journal on lit :
« 732 000 naissances cette année en France. C'est 20 000 de moins que l'an dernier ! »
Combien de bébés sont nés l'an dernier ?

3. On répartit équitablement 236 litres de liquide entre trois récipients.
Quelle quantité de liquide y a-t-il dans chacun de ces récipients ?

4. Voici les contenances de quatre flacons de parfum :
– *Jasmina* : $\frac{257}{1\,000}$ de litre ;
– *Sentoris* : $\frac{28}{100}$ de litre ;
– *Krystal* : $\frac{3}{10}$ de litre ;
– *Kréol* : $\frac{1}{4}$ de litre.
Range-les par ordre croissant.

5. Une salle de spectacle a 79 rangées de 68 places. Pour un concert, toutes les places ont été vendues.
Elles l'ont été au prix unique de 19,50 €.
Quelle a été la recette de ce concert ?

45 Somme de fractions décimales : les millièmes (1)

CALCUL MENTAL
Calculs proposés par écrit
Comparaison de fractions (dixièmes, centièmes et millièmes). Voir p. 11.

Je découvre

1 → **Cahier d'activités pages 12 et 13**

J'ai appris

Pour additionner des millièmes avec des demis, quarts, dixièmes ou centièmes, je peux transformer les demis, quarts, dixièmes, etc., en millièmes.

Par exemple : $\frac{241}{1\,000} + \frac{3}{10} = \frac{241}{1\,000} + \frac{300}{1\,000}$ d'où $\frac{241}{1\,000} + \frac{3}{10} = \frac{541}{1\,000}$

$\frac{241}{1\,000} + \frac{5}{100} = \frac{241}{1\,000} + \frac{50}{1\,000}$ d'où $\frac{241}{1\,000} + \frac{5}{100} = \frac{291}{1\,000}$

Certaines additions sont particulièrement faciles.

Par exemple : $\frac{9}{10} + \frac{5}{100} + \frac{7}{1\,000} = \frac{957}{1\,000}$ $\quad \frac{24}{100} + \frac{8}{1\,000} = \frac{248}{1\,000}$ $\quad \frac{3}{10} + \frac{62}{1\,000} = \frac{362}{1\,000}$

2 Calcule ces additions.

$\frac{723}{1\,000} + \frac{2}{10}$ $\quad \frac{4}{10} + \frac{7}{1\,000}$ $\quad \frac{250}{1\,000} + \frac{3}{4}$ $\quad \frac{241}{1\,000} + \frac{4}{100}$ $\quad \frac{42}{100} + \frac{5}{1\,000}$

$\frac{867}{1\,000} + \frac{1}{2}$ $\quad \frac{4}{10} + \frac{7}{100}$ $\quad \frac{1}{10} + \frac{4}{100} + \frac{3}{1\,000}$ $\quad \frac{7}{10} + \frac{3}{1\,000}$ $\quad \frac{535}{1\,000} + \frac{7}{100}$

Je deviens performant

A Le **nombre** mystérieux

49 763 | 50 863 | 49 706 | 50 879 | 50 880

49 706 000 : 1 000 =

$\frac{508\,800\,000}{10\,000} =$

$\frac{356\,153}{7} =$

398 104 : 8 =

B Vérifie que ces figures sont quadrillées en cm². *Quelle est celle qui a la plus grande aire ?*

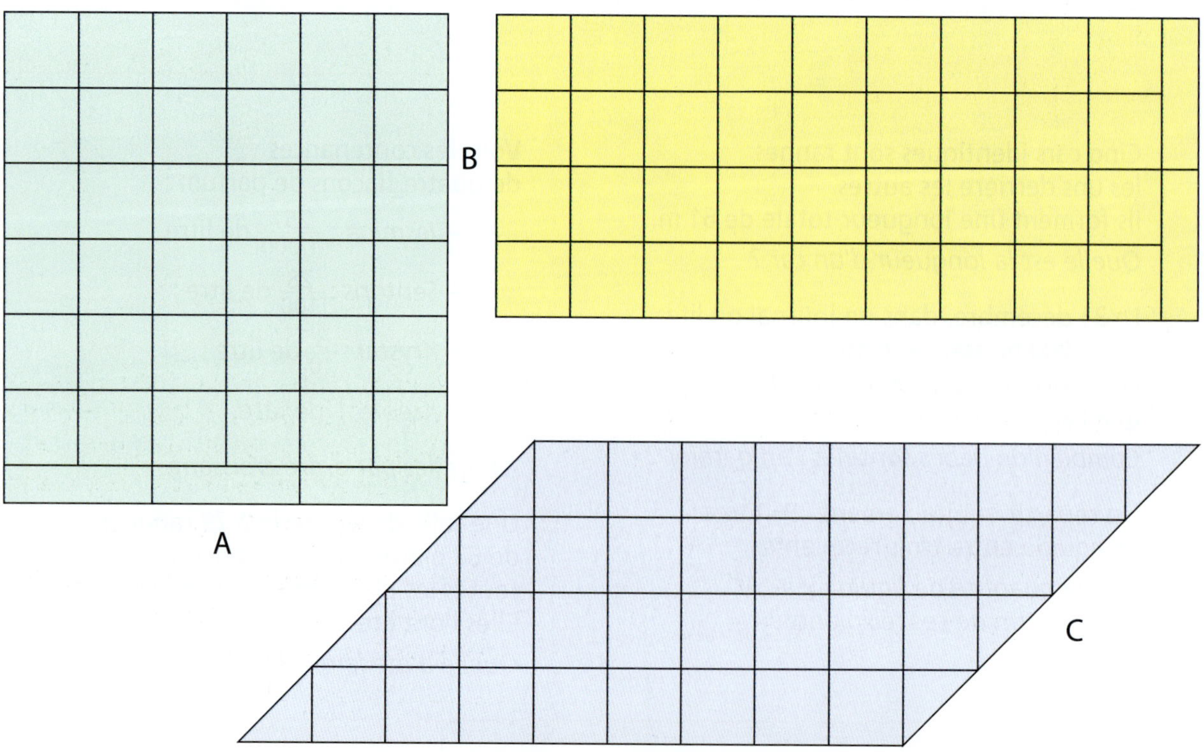

46 Bilan intermédiaire de la deuxième période

1 Calcule.

$67 + 53\,489 + 735$ $\quad$ $76 \times 1\,001$ $\quad$ $368 : 70$? $\quad$ $2\,607 : 250 =$

956×807 $\quad$ $350\,728 - 75\,293$ $\quad$ $\frac{9\,503}{100} =$ $\quad$ $63\,589 : 9$?

2 a. Compare les fractions suivantes (utilise les signes >, < ou =).

$\frac{1}{2} \dots \frac{48}{100}$ $\quad$ $\frac{4}{10} \dots \frac{39}{100}$ $\quad$ $\frac{6}{10} \dots \frac{3}{4}$ $\quad$ $\frac{7}{100} \dots \frac{1}{10}$

b. Calcule ces additions.

$\frac{53}{100} + \frac{1}{4}$ $\quad$ $\frac{2}{10} + \frac{7}{100}$ $\quad$ $\frac{62}{100} + \frac{1}{2}$ $\quad$ $\frac{9}{10} + \frac{9}{100}$ $\quad$ $\frac{3}{4} + \frac{1}{2}$

c.

Quel est le nombre le plus proche de 3 ?

$2 + \frac{9}{10} + \frac{1}{100}$ ou $3 + \frac{1}{10}$

Quel est le nombre le plus proche de 10 ?

$9 + \frac{7}{10}$ ou $10 + \frac{28}{100}$

Quel est le nombre le plus proche de 25 ?

$24 + \frac{7}{10} + \frac{9}{100}$ ou $25 + \frac{1}{4}$

d. **Qui** va là **?**

$$4 + \frac{9}{10} < ? < 5 + \frac{1}{10}$$

$5 + \frac{7}{100}$ $\quad$ $4 + \frac{8}{10} + \frac{9}{100}$ $\quad$ $5 + \frac{12}{100}$ $\quad$ 5 $\quad$ $4 + \frac{96}{100}$

Trouve deux autres nombres qui conviennent et qui ne sont pas déjà dans cette liste.

3 *Quelles sont les droites qui te semblent parallèles ? Lesquelles te semblent perpendiculaires ?*

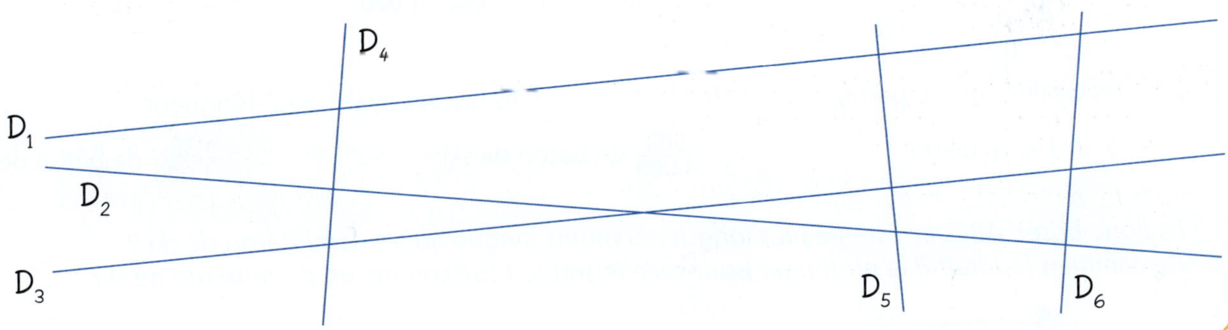

Problèmes

4 1. Le périmètre d'un rectangle est 148 cm. Son petit côté mesure 29 cm.
Quelle est la longueur du grand côté ?

2. La distance entre Paris et New York est de 5 836 km. C'est 4 fois plus que celle de Paris à Lisbonne.
Quelle est la distance entre Paris et Lisbonne ?

3. Un vélo de course est vendu habituellement au prix de 380,90 €. Lors d'une promotion, une réduction de 130 € est appliquée. Un club de cyclisme achète 4 de ces vélos.
Combien cet achat lui coute-t-il ?

4. Ce club achète aussi 4 roues identiques. Pour cet achat, il paie 189 €.
Combien vaut une roue ?

47 Somme de fractions décimales : les millièmes (2)

CALCUL MENTAL
Calculs proposés par écrit
Comparaison de fractions (dixièmes, centièmes et millièmes). Voir p. 12.

Je découvre

1 Détache la règle n° 2 graduée en millièmes de bâton de ski de ton cahier d'activités.

a. Montre à trois endroits différents :
- une longueur de $\frac{1}{10}$ de bâton de ski ;
- une longueur de $\frac{1}{100}$ de bâton de ski ;
- une longueur de $\frac{1}{1\,000}$ de bâton de ski.

b. Montre encore à trois endroits différents :
- une longueur de $\frac{5}{1\,000}$ de bâton de ski ;
- une longueur de $\frac{10}{1\,000}$ de bâton de ski ;
- une longueur de $\frac{100}{1\,000}$ de bâton de ski.

c. Sur ton cahier, à l'aide de ta règle n° 2, trace :
- un segment de $\frac{9}{1\,000}$ de bâton de ski ;
- un segment de $\frac{51}{1\,000}$ de bâton de ski ;
- un segment de $\frac{102}{1\,000}$ de bâton de ski ;
- un segment de $\frac{199}{1\,000}$ de bâton de ski.

d. Trace une ligne brisée de $\frac{385}{1\,000}$ de bâton de ski.
Traces-en une autre de $\frac{548}{1\,000}$ de bâton de ski.

J'ai appris

Avec une règle graduée en dixièmes, centièmes et millièmes, pour tracer :
- une ligne brisée qui mesure $\frac{582}{1\,000}$ de bâton de ski, je peux utiliser l'égalité
$$\frac{582}{1\,000} = \frac{5}{10} + \frac{8}{100} + \frac{2}{1\,000}$$
- une ligne brisée qui mesure $\frac{673}{1\,000}$ de bâton de ski, je peux utiliser l'égalité
$$\frac{673}{1\,000} = \frac{6}{10} + \frac{7}{100} + \frac{3}{1\,000}$$

Etc.

2 Écris les égalités qui te permettraient de tracer des lignes brisées ayant pour longueur :
- $\frac{434}{1\,000}$ de bâton de ski
- $\frac{509}{1\,000}$ de bâton de ski
- $\frac{36}{1\,000}$ de bâton de ski

3 *La ligne brisée ABCDEF est-elle plus longue ou moins longue qu'un demi-bâton de ski ?*
De combien faudrait-il la prolonger pour qu'elle soit longue comme un demi-bâton de ski ?

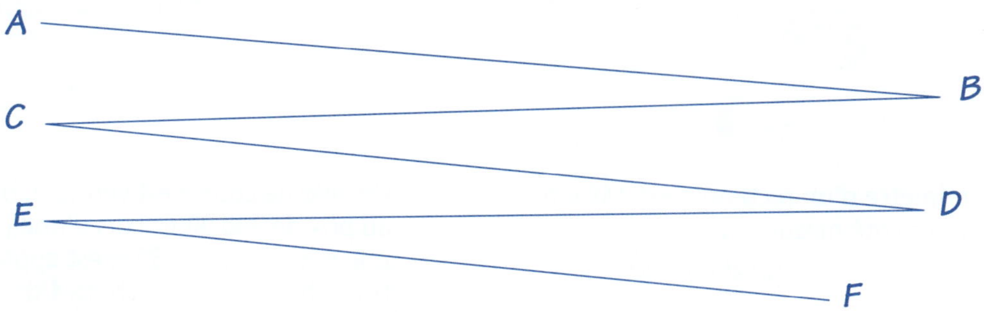

4

Quel est le nombre le plus proche de 3 ?	*Quel est le nombre le plus proche de 3 ?*	*Quel est le nombre le plus proche de 3 ?*
$2 + \frac{9}{10}$ ou $3 + \frac{7}{1\,000}$	$2 + \frac{9}{10} + \frac{9}{100}$ ou $3 + \frac{7}{1\,000}$	$2 + \frac{9}{10} + \frac{9}{100} + \frac{5}{1\,000}$ ou $3 + \frac{7}{1\,000}$

5 a. **Qui** va là **?**

$$2 + \frac{37}{100} < ? < 2 + \frac{38}{100}$$

$2 + \frac{368}{1\,000}$ $\quad$ $2 + \frac{4}{10}$ $\quad$ $2 + \frac{372}{1\,000}$ $\quad$ $2 + \frac{385}{1\,000}$ $\quad$ $2 + \frac{3}{10} + \frac{7}{100} + \frac{4}{1\,000}$

Trouve un autre nombre qui convient…

b. **Qui** va là **?**

$$5 + \frac{7}{10} < ? < 5 + \frac{9}{10}$$

$5 + \frac{689}{1\,000}$ $\quad$ $5 + \frac{73}{100}$ $\quad$ $5 + \frac{872}{1\,000}$ $\quad$ $5 + \frac{92}{100}$ $\quad$ $5 + \frac{8}{10} + \frac{4}{100} + \frac{6}{1\,000}$

Trouve deux autres nombres qui conviennent.

Je deviens performant

Mesure en centimètres la longueur et la largeur de ce rectangle.
Imagine qu'on termine le quadrillage : *quelle est l'aire en cm^2 de ce rectangle ?*

Quelle serait l'aire en cm^2 d'un rectangle ayant pour dimensions : L = 87 cm et l = 69 cm ?

49 La division avec reste : estimer un quotient ($q < 10$)

CALCUL MENTAL
Jeu du nombre-cible
Voir déroulement sq 48 et p. 12.

Je découvre

1 Mathilde et Mathieu calculent **269 : 38 ?**.

Je cherche : en 269 combien de fois 38 ?

J'essaie 2 fois 38, 3 fois 38, etc.

$$\begin{array}{r} 38 \\ \times\ \ 2 \\ \hline 76 \end{array} \qquad \begin{array}{r} 38 \\ \times\ \ 3 \\ \hline 114 \end{array} \qquad \begin{array}{r} 38 \\ \times\ \ 4 \\ \hline 152 \end{array}$$

a. *Comment Mathieu va-t-il continuer ?*

38, c'est presque 40.
Pour calculer mentalement le quotient, je fais comme si on calculait 269 : 40 ?.
Ce n'est pas la même division mais j'ajusterai après si c'est nécessaire.

J'essaie 6 comme quotient.

$$\begin{array}{r} 38 \\ \times\ \ 6 \\ \hline 228 \end{array} \qquad \begin{array}{r} 269 \\ -\ 228 \\ \hline 1 \end{array}$$

b. *Comment Mathilde va-t-elle continuer ?*

2 Mathilde et Mathieu calculent **4 368 : 639** ?

$$\begin{array}{r} 639 \\ \times\ \ 2 \\ \hline 1278 \end{array} \qquad \begin{array}{r} 639 \\ \times\ \ 3 \\ \hline 1917 \end{array} \qquad \begin{array}{r} 639 \\ \times\ \ 4 \\ \hline 2556 \end{array} \qquad \begin{array}{r} 639 \\ \times\ \ 5 \\ \hline 3195 \end{array}$$

a. *Comment Mathieu va-t-il continuer ?*

639, c'est presque 600.
Je fais comme si on calculait 4 368 : 600 ?.
J'ajusterai après si c'est nécessaire.

$$\begin{array}{r} 639 \\ \times\ \ 7 \\ \hline 4473 \end{array}$$

J'essaie 7 comme quotient.

b. *Comment Mathilde va-t-elle continuer ?*

3 Calcule en cherchant d'abord à estimer le quotient.

246 : 42 ?	6 758 : 981 ?	618 : 77 ?	15 804 : 2 987 ?
337 : 48 ?	940 : 105 ?	568 : 62 ?	32 784 : 8 105 ?

J'ai appris

Pour chercher le quotient de 487 : 63 ?, je peux faire comme si on calculait 487 : 60 ?.

Pour chercher le quotient de 487 : 69 ?, je peux faire comme si on calculait 487 : 70 ?.
Mais il est parfois nécessaire d'ajuster le quotient.

***Attention** : je dois toujours vérifier que le reste est inférieur au diviseur.*

Je deviens performant

Effectue ces conversions.

- 186 heures *(il faut faire apparaitre les jours)*
- 9 750 dm *(il faut faire apparaitre les cm)*
- 420 m *(il faut faire apparaitre les mm)*
- 8 807 dm *(il faut faire apparaitre les m)*
- 408 cm *(il faut faire apparaitre les dm)*
- 183 heures *(il faut faire apparaitre les minutes)*

50 Le mm² Aire d'un rectangle

CALCUL MENTAL
Jeu du nombre-cible
Voir déroulement sq 48 et p. 12.

Je découvre

1 a. Tu vas ranger les trois rectangles ci-dessous selon leur aire, de la plus petite à la plus grande. Vérifie les dimensions données et observe ce qu'a fait Mathilde.

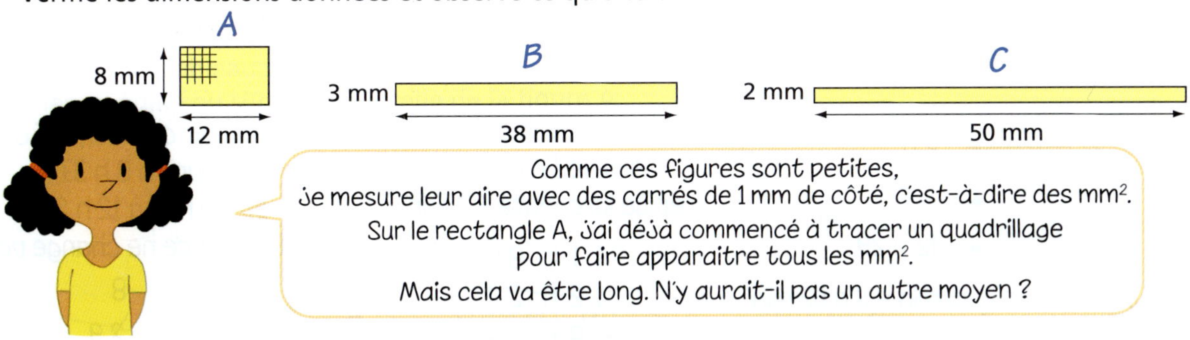

b. Complète : *Aire du rectangle . . . < aire du rectangle . . . < aire du rectangle . . .*

2 a. Imagine qu'on fasse apparaitre tous les mm² dans 1 carré de 1 cm de côté :

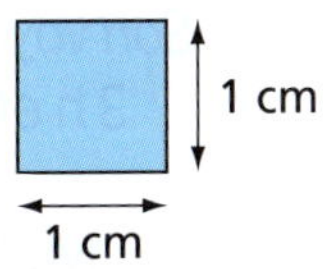

1 cm² = … mm²

b. Un des trois rectangles (A, B ou C) a une aire de 1 cm². *Lequel ?*

c. Exprime l'aire du rectangle B sous cette forme : … cm² et … mm².

3 a. *Quel est le rectangle le plus étendu ?* Fais un pari, puis calcule l'aire de chacun d'eux en mm² (exprime-la ensuite sous la forme … cm² et … mm²).

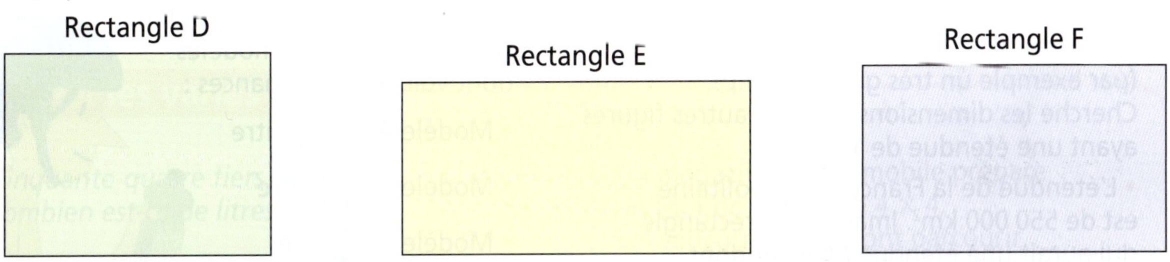

b. *Quelle est l'étendue d'un rectangle G dont la longueur est 73 mm et la largeur 58 mm ?*

J'ai appris

- Quand je cherche l'aire d'un rectangle, plutôt que de le quadriller, je peux mesurer sa longueur et sa largeur et multiplier les deux nombres obtenus.
  Si l'unité de longueur est le mm, j'obtiens la mesure de l'étendue en mm².
  Si l'unité de longueur est le cm, j'obtiens la mesure de l'étendue en cm². Etc.
- 100 mm², c'est la même aire que 1 cm².

Je deviens performant

Range ces nombres du plus petit au plus grand.

$81 + \frac{75}{1\,000}$ $\quad 81 + \frac{2}{10}$ $\quad 81 + \frac{1}{10} + \frac{9}{1\,000}$ $\quad 81 + \frac{1}{10} + \frac{2}{100}$ $\quad 81 + \frac{1}{10}$

$2 + \frac{8}{10} + \frac{9}{1\,000}$ $\quad 2 + \frac{9}{10}$ $\quad 2 + \frac{8}{10} + \frac{1}{100} + \frac{3}{1\,000}$ $\quad 2 + \frac{9}{100} + \frac{9}{1\,000}$ $\quad 2 + \frac{1}{10}$

53 Multiplier et diviser pour convertir des mesures d'aires

CALCUL MENTAL
Jeu du nombre-cible
Voir déroulement sq 48 et p. 12.

Je découvre

1 Tu connais le système des unités de longueur. Tu vas apprendre celui des unités d'aire (ou d'étendue). *Dans 1 cm², combien y a-t-il de mm² ?*

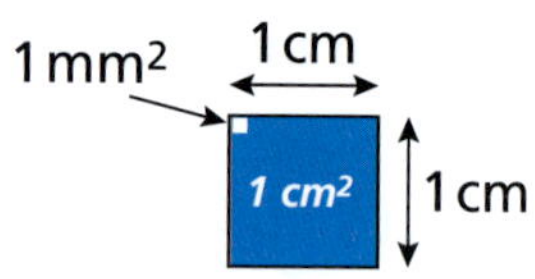

J'imagine des carrés de 1 mm de côté.
Il y en a 10 sur la première ligne, encore 10 sur la seconde...

2 *Dans 1 dm², combien y a-t-il de cm² ?*

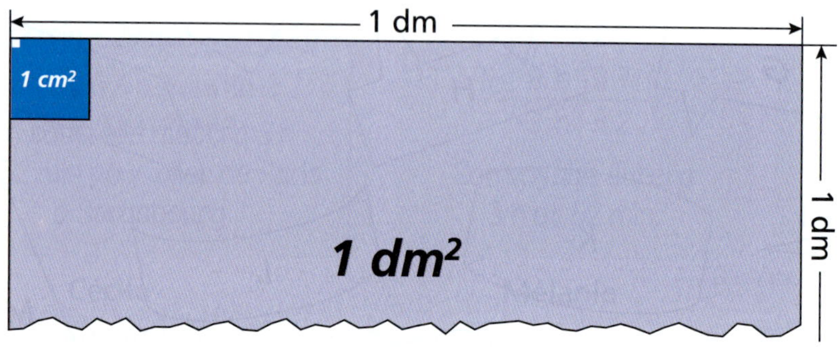

J'imagine des carrés de 1 cm de côté.
Il y en a 10 sur la première ligne, encore 10 sur la seconde...

...Et combien de mm² ?

3 → **Cahier d'activités page 14**

4 Montre une aire de 1 m² environ. *Dans 1 m², combien y a-t-il de dm² ? Et de cm² ? Et de mm² ?*

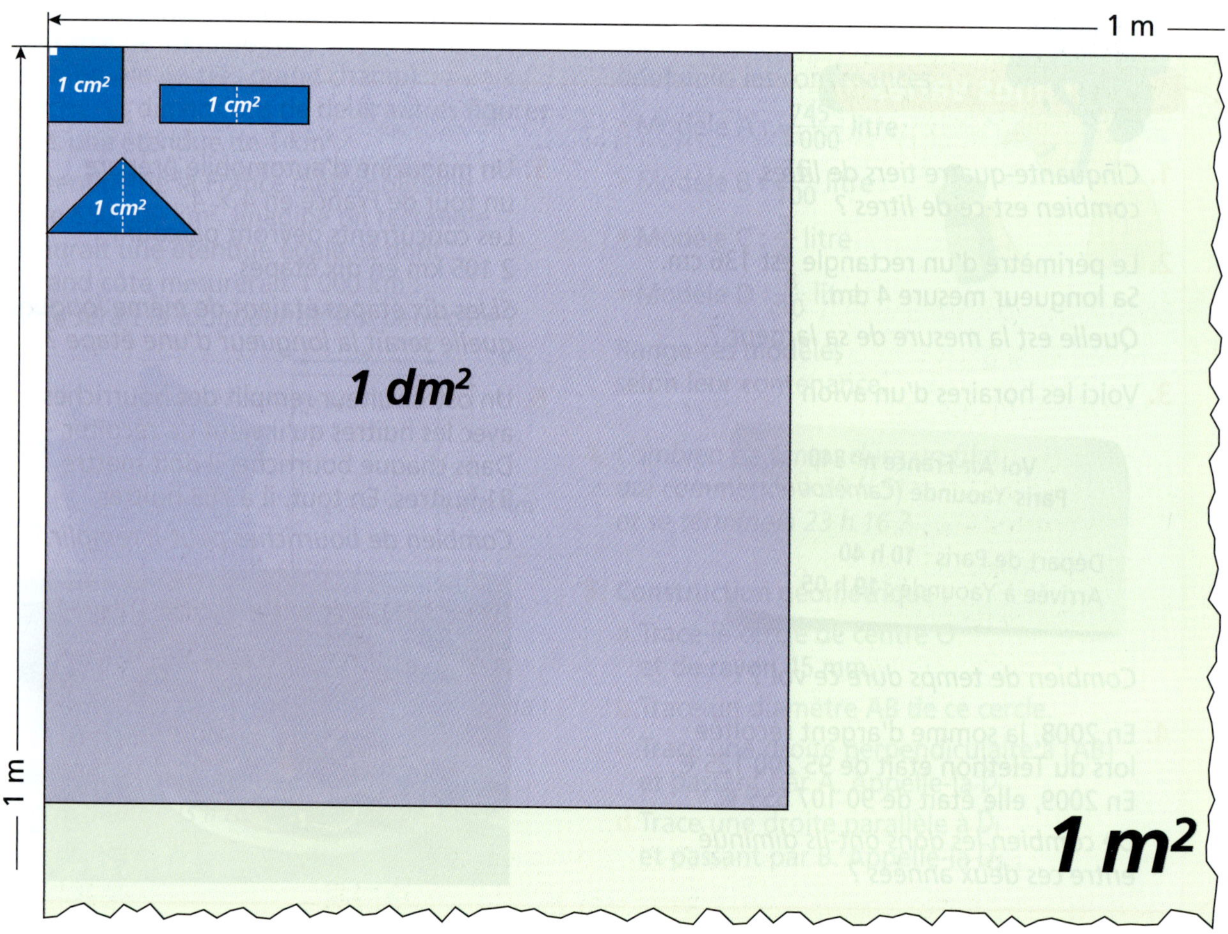

5 a. Une affichette a les dimensions suivantes : *hauteur* = 6 dm ; *largeur* = 4 dm.
Quelle est son aire en dm² ? Exprime-la en cm², puis en mm².

b. Vérifie les dimensions du rectangle A ci-dessous.
Quelle est son aire en mm² ? Exprime-la sous la forme :… cm² et… mm².

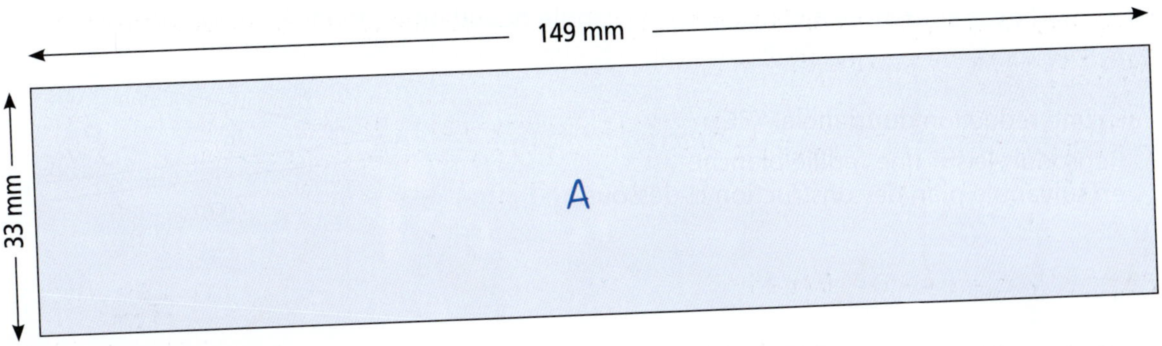

c. « Il manque moins de 1 cm² à ce rectangle pour que son aire soit de $\frac{1}{2}$ dm² », dit Mathieu.
A-t-il raison ?

J'ai appris

1. Le système des unités d'aire (ou d'étendue) est différent de celui des unités de longueur : chaque unité d'aire est 100 fois plus grande que la précédente, depuis le mm² jusqu'au km².

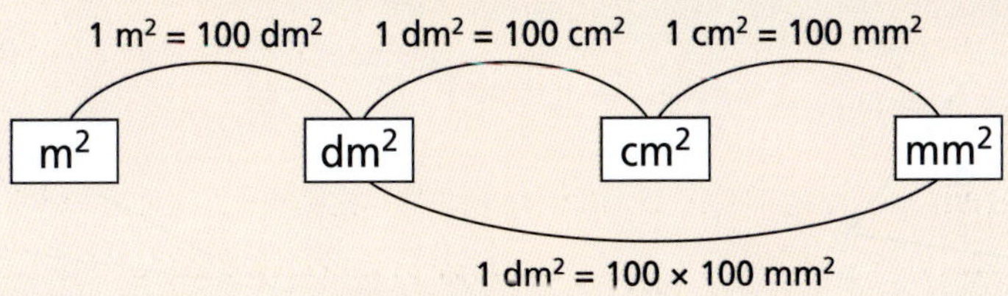

2. Une aire est exprimée en dm² et je veux l'exprimer en mm² :
il y a plus de mm², il y en a 10 000 fois plus. Je multiplie par 10 000.
Une aire est exprimée en mm² et je veux l'exprimer en cm² :
il y a moins de cm², il y en a 100 fois moins. Je divise par 100.
Une aire est donnée en cm² et je veux l'exprimer en m², …

6 Conversions (*demandées tantôt dans une unité plus petite, tantôt dans une unité plus grande*).
- 4 173 dm² *(il faut faire apparaitre les cm²)*
- 2 905 dm² *(il faut faire apparaitre les m²)*
- 37 008 cm² *(il faut faire apparaitre les dm²)*
- 5 320 m² *(il faut faire apparaitre les cm²)*

7 On te propose tantôt des unités de longueur, tantôt des unités d'aire, et il faut convertir tantôt dans une unité plus petite, tantôt dans une unité plus grande.
- 5 000 km *(il faut faire apparaitre les m)*
- 15 000 dm² *(il faut faire apparaitre les cm²)*
- 5 000 dm² *(il faut faire apparaitre les m²)*
- 28 705 mm² *(il faut faire apparaitre les cm²)*
- 5 000 hm *(il faut faire apparaitre les km)*
- 4 807 m *(il faut faire apparaitre les cm)*

Je deviens performant

Calcule (il y a des divisions-fractions et des divisions avec reste).

41 : 8 =   5 630 : 1 000 =   3 548 : 591 ? $\frac{323\,187}{4}$ = $\frac{29\,461}{10\,000}$ =

54 Construire des triangles Le triangle équilatéral

CALCUL MENTAL
Conversions de mesures d'aires (écrites au tableau)
Voir description p. 12.

Je découvre

1 Tu vas apprendre à construire un triangle quand on te donne la longueur d'un côté et les deux angles aux extrémités de ce côté.

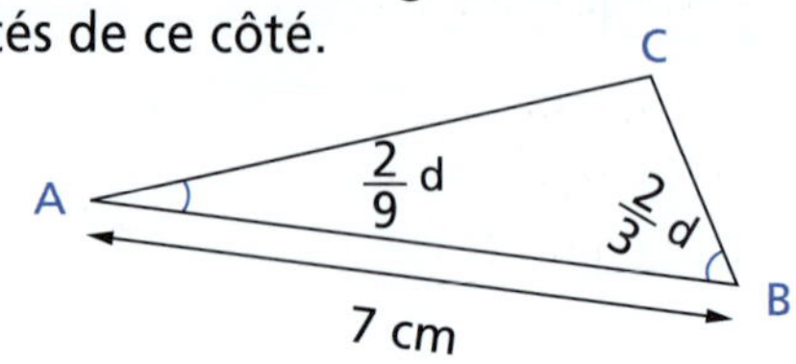

Voici une réduction du triangle ABC.

a. Reproduis-le sur une feuille blanche en suivant le plan de construction ci-dessous.

ⓐ
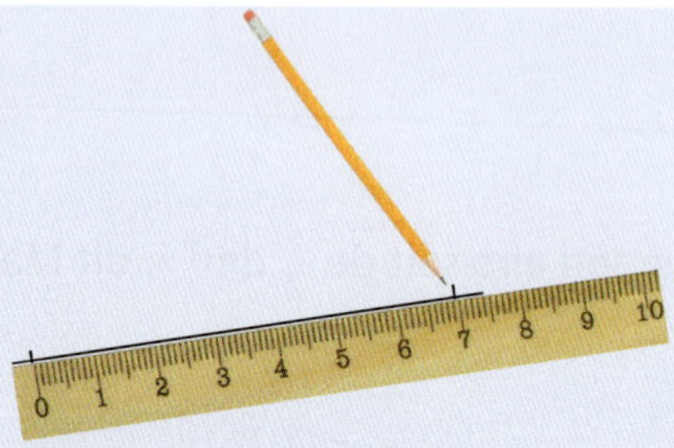

Trace une droite et place les points A et B distants de 7 cm.

ⓑ
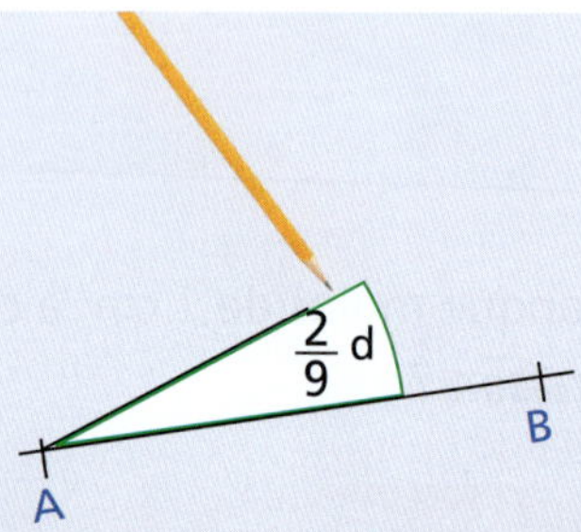

Prends le gabarit d'angle de $\frac{2}{9}$ d et trace la demi-droite support de AC. Prolonge-la avec ta règle.

ⓒ
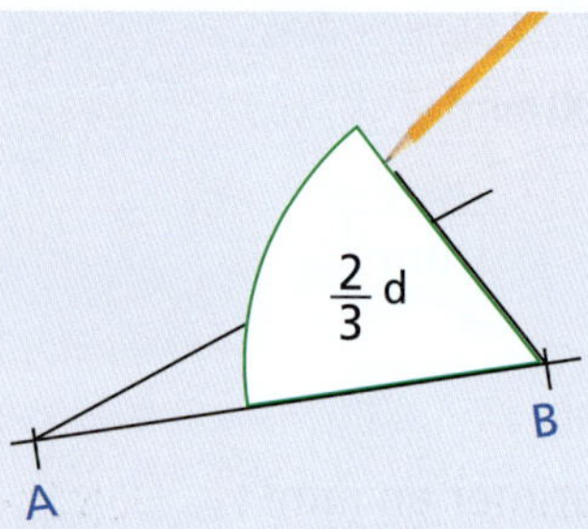

Prends le gabarit d'angle de $\frac{2}{3}$ d et trace la demi-droite support de BC.

ⓓ
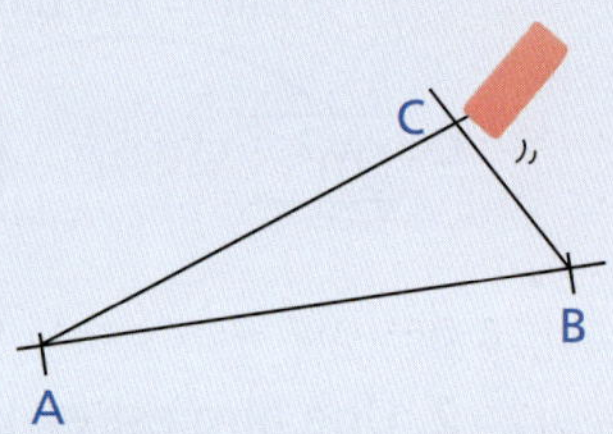

Appelle C le point où les deux demi-droites se croisent. Tu peux gommer ce qui dépasse.

b. Mesure les côtés AC et CB.

2 a. Construis le triangle DEF représenté ci-contre en réduction.

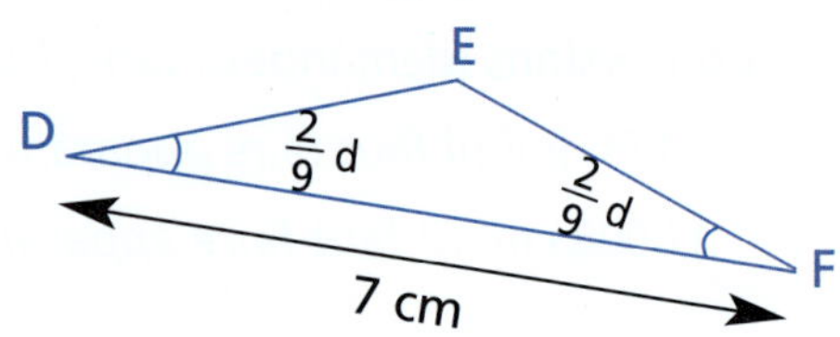

b. Si tu as fait un tracé très précis, les longueurs des côtés DE et EF sont égales. Vérifie-le.

c. Et si les deux angles égaux mesuraient $\frac{1}{3}$d, $\frac{4}{9}$d, $\frac{5}{9}$d…, *que pourrais-tu dire des longueurs des côtés DE et EF ?*

3 a. *Quels angles faut-il choisir pour tracer un triangle isocèle et rectangle ?*

b. *Quels angles faut-il choisir pour tracer un triangle dont les 3 angles sont égaux ?* Trace un tel triangle. *Que peux-tu dire de la longueur des côtés ?*

J'ai appris

1. Un triangle isocèle a deux angles égaux (de même ouverture).
2. Si les trois angles d'un triangle sont égaux, les trois côtés de ce triangle ont la même longueur.
   Ce triangle isocèle particulier s'appelle un **triangle équilatéral** (du latin *equi* = égal et *latus, lateris* = côté).

4 Dans cette figure, trouve :
- deux triangles rectangles,
- un triangle isocèle qui n'est pas équilatéral,
- un triangle équilatéral,
- un carré,
- un rectangle quelconque,
- un losange quelconque.

(Nomme ces figures avec les lettres de leurs sommets.)

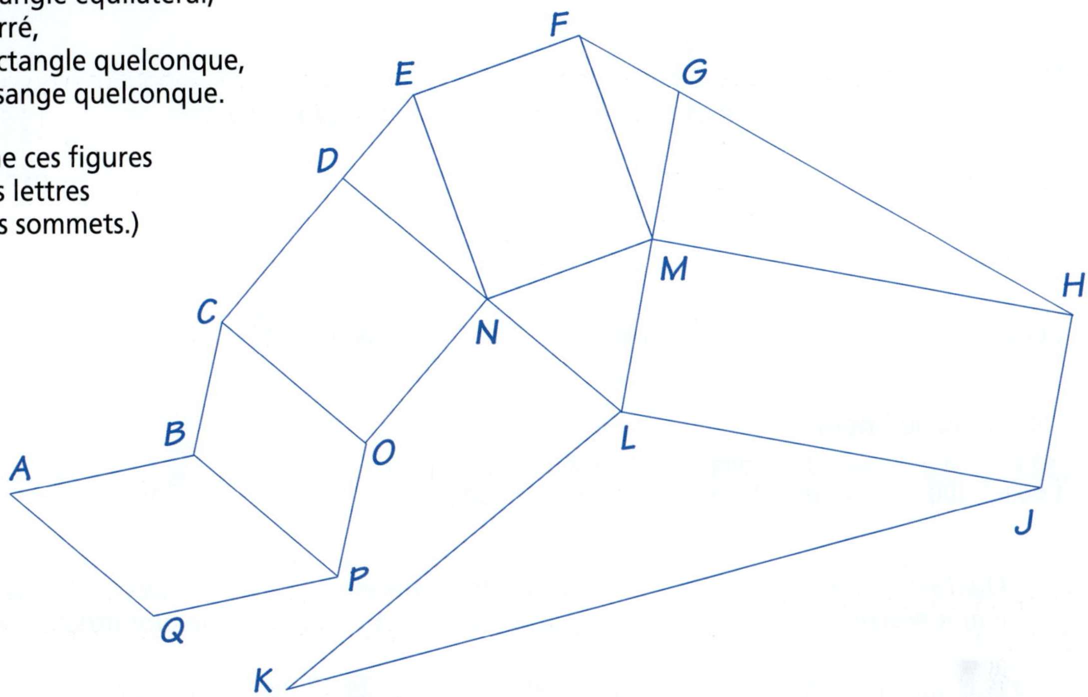

Je deviens performant

A Calcule (il y a des divisions-fractions et des divisions avec reste).

538 : 87 ?   16 001 : 100 =   3 038 : 507 ?   965 610 : 9 ?

B *Quel est le rectangle dont l'aire est la plus grande, A ou B ?*
Fais un pari, puis cherche l'aire de chaque figure (vérifie d'abord les dimensions qui te sont données).

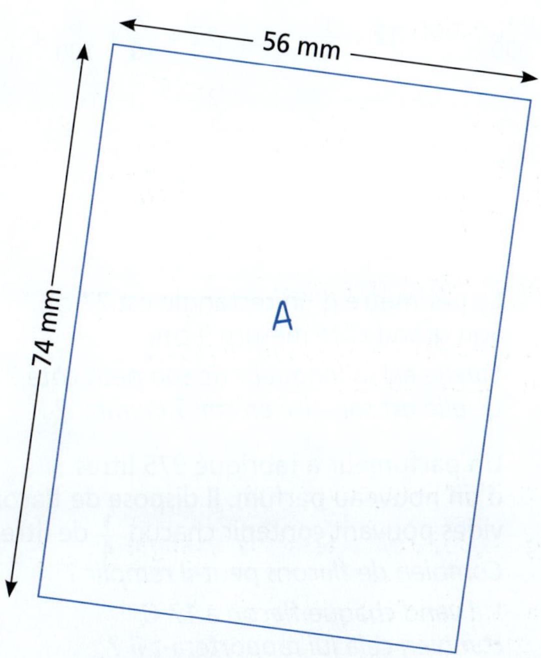

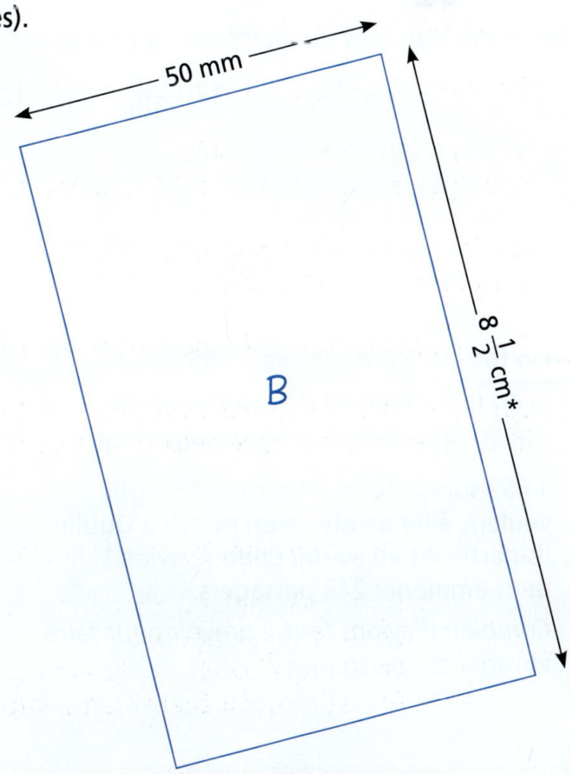

* $8\frac{1}{2}$ cm *veut dire* 8 cm + $\frac{1}{2}$ cm.

55 Bilan terminal de la deuxième période

1 Calcule.

20×43 — $8\,642 - 1\,995$ — $249 : 37$? — $1\,259 : 4 =$

$803 \times 1\,254$ — $32\,430 - 5\,907$ — $\frac{172}{5} =$ — $812\,601 : 7$?

2 a. Compare les fractions suivantes (utilise les signes >, < ou =).

$\frac{497}{1\,000} \dots \frac{1}{2}$ — $\frac{3}{4} \dots \frac{742}{1\,000}$ — $\frac{300}{1\,000} \dots \frac{3}{10}$ — $\frac{47}{100} \dots \frac{407}{1\,000}$

b. Calcule ces additions.

$\frac{531}{1\,000} + \frac{4}{100}$ — $\frac{2}{10} + \frac{708}{1\,000}$ — $\frac{4}{10} + \frac{3}{1\,000}$ — $\frac{5}{10} + \frac{9}{100} + \frac{8}{1\,000}$ — $\frac{1}{100} + \frac{9}{1\,000}$

c.

Quel est le nombre le plus proche de 1 ?

$\frac{954}{1\,000}$ ou $1 + \frac{49}{1\,000}$

Quel est le nombre le plus proche de 5 ?

$4 + \frac{750}{1\,000}$ ou $5 + \frac{23}{100}$

Quel est le nombre le plus proche de $5 + \frac{3}{10}$?

$5 + \frac{27}{100}$ ou $5 + \frac{308}{1\,000}$

3 **Qui** va là **?**

$$8 + \frac{3}{10} < \ ? < 8 + \frac{5}{10}$$

$8 + \frac{27}{100}$ — $8 + \frac{43}{100}$ — $8 + \frac{491}{1\,000}$ — $8 + \frac{52}{100}$ — $8 + \frac{4}{10} + \frac{9}{1\,000}$

Trouve deux autres nombres qui conviennent et qui ne sont pas déjà dans cette liste.

4 Range ces nombres du plus petit au plus grand.

13 — $12 + \frac{743}{1\,000}$ — $12 + \frac{76}{100}$ — $12 + \frac{93}{1\,000}$ — $12 + \frac{3}{4}$ — $12 + \frac{7}{10} + \frac{6}{100} + \frac{9}{1\,000}$

Problèmes

5

1. Un terrain a une aire de 1 085 m².
Si on le partage en 4 parcelles égales, quelle sera l'aire de chaque parcelle ?

2. 1 657 supporteurs d'un club de rugby veulent aller assister à un match à Dublin. Ils partiront en avion. Chaque avion peut emmener 248 passagers.
Combien d'avions faut-il prévoir pour faire voyager ces personnes ?

3. Le périmètre d'un rectangle est 27 cm. Son grand côté mesure 9 cm.
Quelle est la longueur de son petit côté ?
Quelle est son aire en cm² ? En mm² ?

4. Un parfumeur a fabriqué 975 litres d'un nouveau parfum. Il dispose de flacons vides pouvant contenir chacun $\frac{1}{4}$ de litre.
Combien de flacons peut-il remplir ?
S'il vend chaque flacon à 17 €, combien cela lui rapportera-t-il ?

6 Dans cette figure, trouve :

- deux triangles rectangles,
- deux triangles isocèles,
- deux rectangles,
- deux losanges,
- un triangle équilatéral,
- un carré,
- un trapèze,
- un pentagone.

Nomme ces figures avec les lettres de leurs sommets.

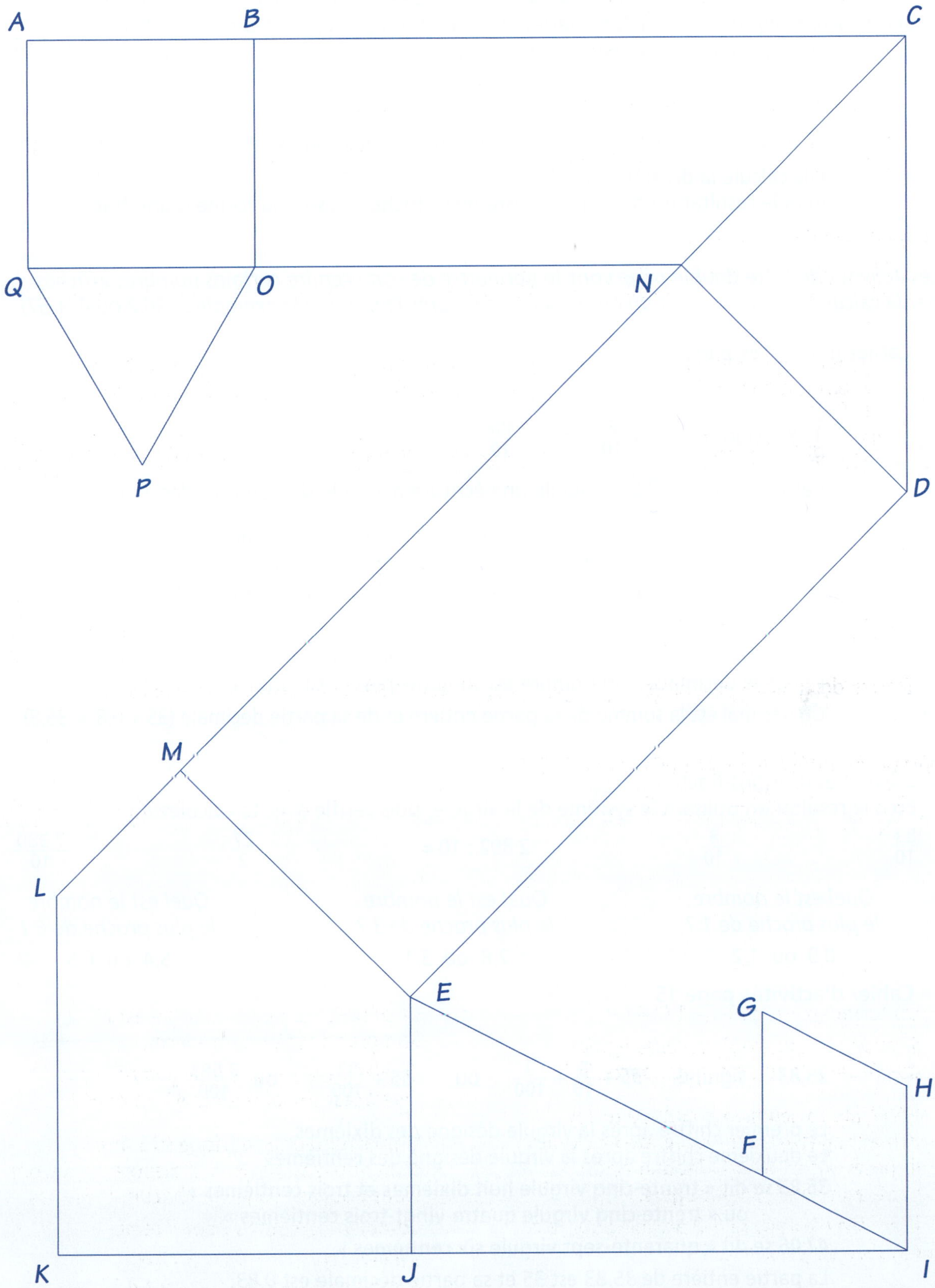

56
57

Les écritures à virgule de décimaux : les dixièmes et les centièmes

Je découvre

1 Résous ces trois problèmes et vérifie tes calculs avec une calculette.

1. *Combien y a-t-il de gâteaux dans 17 paquets de 24 gâteaux ?*

2. *Si on partage équitablement 126 images entre 3 enfants, quelle est la part de chacun ?*

3. *Si on partage équitablement 155 billes entre 7 enfants, quelle est la part de chacun ?*

J'ai appris

La touche ÷ de la calculette ne calcule pas la division avec reste.
Elle calcule la division-fraction,
mais le résultat du partage du reste ne s'affiche pas sous la forme d'une fraction.

Les activités de cette double page vont te permettre de comprendre certains nombres affichés par la calculette, ceux qui ont un ou deux chiffres après le point (par exemple : 136.2 ou 431.57).

2 → **Cahier d'activités page 15**

J'ai appris

35,8 signifie $35 + \frac{8}{10}$ ou $\frac{358}{10}$

Cette écriture de $\frac{358}{10}$ s'appelle une écriture à virgule de nombres décimaux.

Sur les machines, la virgule est souvent remplacée par un point.
Le chiffre après la virgule désigne des **dixièmes**.

35,8 se dit « **trente-cinq virgule huit dixièmes** » ou « **trente-cinq et huit dixièmes** ».

Les chiffres à gauche de la virgule donnent la partie entière du nombre (ici : 35).

Les chiffres à droite de la virgule forment la partie décimale du nombre (ici : 0,8).
La partie décimale d'un nombre est toujours plus petite que 1.

Un décimal est la somme de sa partie entière et de sa partie décimale (35 + 0,8 = 35,8)

3 **a.** Calcule ces divisions-fractions.
Écris le résultat en utilisant le système de la virgule, puis vérifie avec ta calculette.

$\frac{83}{10}$ $\frac{8}{10}$ 2 892 : 10 = $\frac{27}{2}$ $\frac{7\,380}{10}$

b.

Quel est le nombre le plus proche de 1 ?	*Quel est le nombre le plus proche de 3 ?*	*Quel est le nombre le plus proche de 6 ?*
0,9 ou 1,2	2,8 ou 3,1	5,4 ou 6,5

4 → **Cahier d'activités page 15**

J'ai appris

35,83 signifie $35 + \frac{8}{10} + \frac{3}{100}$ ou $35 + \frac{83}{100}$ ou $\frac{3\,583}{100}$

Le premier chiffre après la virgule désigne des **dixièmes**.
Le deuxième chiffre après la virgule désigne des **centièmes**.

35,83 se dit « **trente-cinq virgule huit dixièmes et trois centièmes** »
ou « **trente-cinq virgule quatre-vingt-trois centièmes** ».

47,06 se dit « **quarante-sept virgule six centièmes** ».

La partie entière de 35,83 est 35 et sa partie décimale est 0,83.

5 Calcule ces divisions-fractions.
Écris le résultat en utilisant le système de la virgule, puis vérifie avec ta calculette.

$\frac{543}{100}$ $7\,305 : 5 =$ $\frac{280}{100}$ $\frac{47}{100}$

$\frac{31}{4}$ $\frac{9}{2}$ $1 : 4 =$ $\frac{7}{100}$

6 Prends ta règle n° 1 graduée en dixièmes et centièmes de bâton de ski, et trace les segments qui ont ces longueurs :

[AB] : 0,13 bâton de ski   [CD] : 0,09 bâton de ski   [EF] : 0,21 bâton de ski

7 Écris ces nombres en chiffres.

Cinq virgule six dixièmes   *Douze virgule neuf centièmes*   *Trois dixièmes*

Trente et vingt-deux centièmes   *Soixante-quinze centièmes*   *Sept centièmes*

8

Quel est le nombre le plus proche de 1 ? 0,87 ou 1,09	*Quel est le nombre le plus proche de 4 ?* 3,91 ou 4,1	*Quel est le nombre le plus proche de 6 ?* 5,9 ou 6,08
Quel est le nombre le plus proche de 8 ? 7,87 ou 8,2	*Quel est le nombre le plus proche de 30 ?* 28,99 ou 30,99	*Quel est le nombre le plus proche de 1 ?* 0,94 ou 1,07

9 Recopie cette liste et range les nombres du plus petit au plus grand.

15   15,9   0,82   15,08   15,38   15,4   16   1   15,1

10 **Qui** va là **?**

2 < ? < 3

2,8   1   2,63   5   2,58

Trouve deux autres nombres qui conviennent.

13,6 < ? < 13,7

9,25   13,4   13,9   13,68   18   13,61

Trouve deux autres nombres qui conviennent.

Problèmes

11 Résous ces problèmes et vérifie tes calculs avec une calculette.

1. *Si on répartissait équitablement 925 kg de charbon de bois dans 100 sacs, combien pèserait chaque sac ?*
2. *Si on répartissait équitablement 692 litres d'essence entre 100 scooters, quelle quantité aurait chacun ?*

62 Technique de la division : diviseur à 2 chiffres (1)

CALCUL MENTAL
Jeu du nombre-cible
(avec les écritures « à virgule »)
Voir précisions p. 12.

Je découvre

1 **a.** *Comment calculer 2 632 : 25 ?*
Observe comment Mathilde et Mathieu calculent cette division.

Termine le calcul de Mathilde et Mathieu et calcule ainsi 782 : 25 ?, puis 5 208 : 25 ?.

b. *Comment calculer 18 469 : 25 ?*

2 *Comment calculer 18 469 : 25 ? par partages successifs des centaines, dizaines et unités ?*

a Préparation de la division :

```
 c   d u
1 8 4 6 9 | 25
          |-----
          | c d u
```

b Partage des centaines :

```
 c   d u
1 8 4 6 9 | 25
          |-----
          | c d u
          | 7
```

```
    c    d  u
 1  8 ₁4  6  9 | 25
-1  7  5       | c  d  u
       9       | 7
```

C Partage des dizaines :

```
    c    d  u
 1  8 ₁4  6  9 | 25
-1  7  5  ↓    | c  d  u
       9  6    | 7  3
```

Continue le travail de Mathilde et Mathieu. N'oublie pas de faire la preuve de la division.

J'ai appris

Pour diviser par 25 un nombre plus grand que 250 (641 par 25, par exemple), on peut chercher : « en 641, combien de fois 25 ? ».

Mais souvent (pour 38 789 : 25 ? par exemple), il est plus rapide de partager successivement les milliers, les centaines, etc.

3 Le q et r mystérieux

q = 807, r = 0	q = 2 809, r = 12	q = 1 368, r = 5
q = 2 007, r = 1		q = 3 145, r = 15

78 640 : 25 ?   34 205 : 25 ?

50 176 : 25 ?   20 175 : 25 ?

Je deviens performant

Qui va là ?

12 < ? < 12,01

13   12,1   12,009   12,013   11,99

Trouve deux autres nombres qui conviennent.

9,36 < ? < 9,38

10   9,4   9,373   8,732   9,369   9,37

Trouve deux autres nombres qui conviennent.

63 64 Rédiger un plan de construction géométrique (1)

CALCUL MENTAL
Conversions de mesures d'aires proposées par écrit
Voir présentation p. 12.

Je découvre

1 Activité sur le cahier (page 16) pour une moitié de la classe et sur le manuel pour l'autre moitié.

Attention : Pour cette activité, tu es associé(e) à un(e) autre élève qui utilise le cahier d'activités.
Chacun va préparer un message écrit
pour faire construire à l'autre une figure géométrique.
Chacun doit donc éviter de montrer cette figure à l'autre.

Tu vas apprendre à rédiger un plan de construction de la figure représentée ici à sa taille réelle.
Ce plan devra permettre à ton (ta) camarade de la construire, alors qu'il (elle) ne l'aura jamais vue.

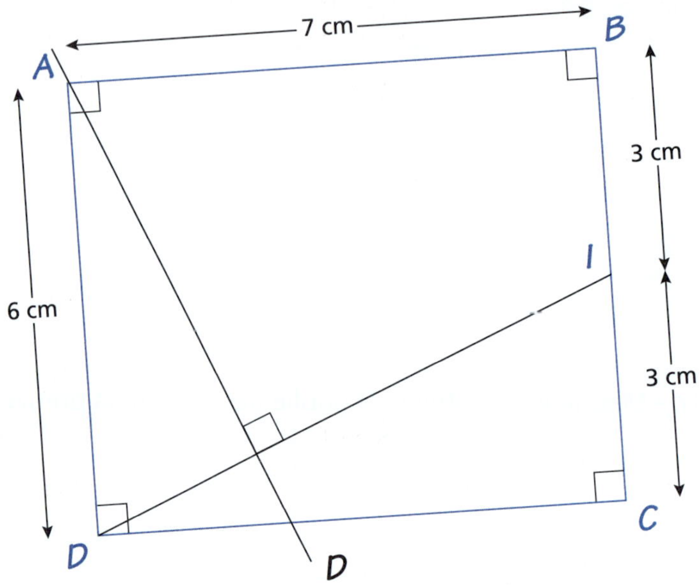

a. Pour t'aider à rédiger, commence par compléter les deux phrases ci-dessous en utilisant des mots de la liste suivante :
droite – diamètre – longueur – perpendiculaire – parallèle – milieu – rayon – point – segment.
- Le point I est le ... de [BC].
- La droite D est ... à [DI].

b. Un élève a commencé à rédiger le plan de construction de cette figure.
Recopie et termine son travail en réutilisant les mots de la liste de l'activité a.

1. Trace un rectangle ABCD tel que :
   - longueur de [AB] = 7 cm
   - longueur de [BC] = 6 cm
2. Place le point ...
3. ...

c. Donne ton plan de construction à ton (ta) camarade et construis la figure correspondant au sien.

d. Ton (ta) camarade te rejoint et vous vérifiez le travail de chacun.
Choisissez parmi ces 4 possibilités :
- Le plan était correct et la construction demandée a été bien exécutée.
- Le plan était correct mais la construction demandée a été mal exécutée.
- Le plan n'était pas correct mais la construction demandée a été bien exécutée.
- Le plan n'était pas correct et la construction demandée n'a pas été bien exécutée.

Je deviens performant

A Prends ta règle n° 2 graduée en dixièmes, centièmes et millièmes de bâton de ski et trace les segments qui ont ces longueurs :

[AB] : 0,159 bâton de ski   [CD] : 0,063 bâton de ski   [EF] : 0,108 bâton de ski

B Calcule ces divisions-fractions (écris le résultat en utilisant la virgule).

$\frac{170\,379}{1\,000}$ 1042 : 100 = $\frac{32}{1\,000}$ 7 410 : 1 000 = $\frac{830}{1\,000}$

C Compare ces nombres en utilisant les signes >, < ou =.

31,59 … 31,587   608,009 … 608,01   0,47 … 0,470   10,3 … 10,297

D

Quel est le nombre le plus proche de 1 ?	*Quel est le nombre le plus proche de 6 ?*	*Quel est le nombre le plus proche de 20 ?*
0,875 ou 1,13	5,8 ou 6,197	19,597 ou 20,42

E Range ces nombres du plus petit au plus grand.

7,045   7,04   7   7,1   7,039 | 0,2   1   0,09   1,23   1,218

F **Qui va là ?**

8,4 < ? < 8,51

8,381   8,507   8,46   8,067   8,415

Trouve deux autres nombres qui conviennent.

0,95 < ? < 1,02

0,906   1,016   0,948   0,991   1,175   1

Trouve deux autres nombres qui conviennent.

G Calcule.

41 : 12 =   263 : 50 ?   1 445 : 208 ? $\frac{968\,256}{4}$ = $\frac{83}{8}$ =

H Le q et r mystérieux

q = 827, r = 8

q = 940, r = 8

q = 949, r = 8

q = 969, r = 8

q = 1 102, r = 8

27 558 : 25 ?   23 508 : 25 ?

24 233 : 25 ?   20 683 : 25 ?

I Construis ces deux figures représentées ici en réduction.

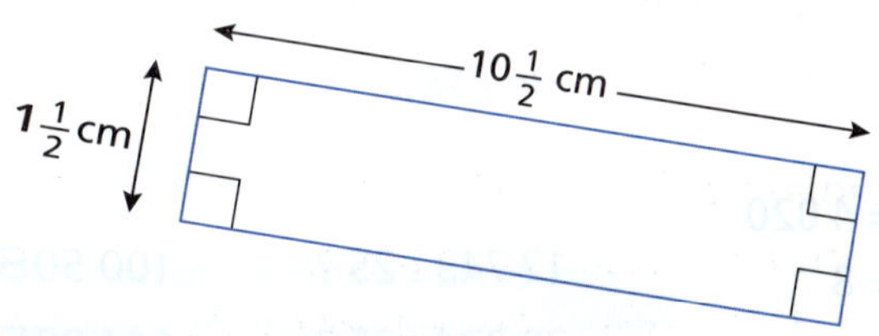

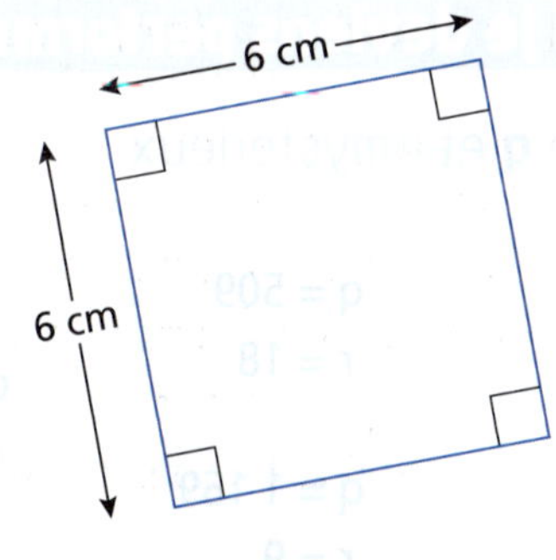

Laquelle a la plus grande aire ? Laquelle a le plus grand périmètre ?

79 Approximations par défaut et par excès

CALCUL MENTAL
Calculs proposés par écrit
Multiplication ou division d'un décimal par 10, 100 ou 1 000. Voir p. 13.

Je découvre

1 a. M. Boisseau est français mais il vit aux USA.
Avant l'hiver, il commande 7 gallons de fioul pour un petit radiateur…
Vérifie et termine les calculs de Mathilde et Mathieu.

1 gallon, c'est plus de 3 litres et moins de 4 litres.
7 gallons, combien est-ce de litres ?

2 gallons,
c'est plus de 2 fois 3 L, c'est plus de 6 L…

3 gallons,
c'est plus de 3 fois 3 L, plus de 9L…

…7 gallons,
c'est …

2 gallons,
c'est moins de 2 fois 4 L, moins de 8 L…

3 gallons,
c'est moins de 3 fois 4 L, moins de 12 L…

…7 gallons,
c'est …

b. Approche ces quantités de liquide en litres par défaut, puis par excès.

Un « plein » d'essence de 14 gallons

Un tonneau de 35 gallons

Un réservoir de kérosène de 81 gallons

J'ai appris

Si un récipient contient 58 gallons,
je peux approcher cette contenance en litres en calculant deux multiplications :
– en calculant 58 fois 3, j'obtiens une approximation de la contenance « **par défaut** » ;
– en calculant 58 fois 4, j'obtiens une approximation de la contenance « **par excès** ».

c. Compare les contenances suivantes en utilisant les signes >, < ou =.

1 gallon … 1 litre	10 litres … 2 gallons	80 litres … 80 gallons	18 litres … 6 gallons
1 gallon … 3 litres	8 gallons … 8 litres	100 gallons … 300 litres	7 gallons … 30 litres
1 gallon … 4 litres	30 litres … 10 gallons	10 gallons … 100 litres	24 litres … 6 gallons

2 a. En fait, 1 gallon est compris entre 3,7 L et 3,8 L.
Vérifie et termine les calculs de Mathilde et Mathieu.

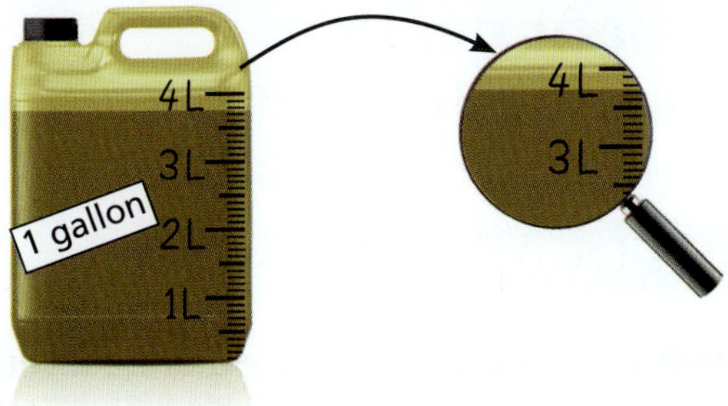

b. Pour le réservoir de la voiture, le tonneau et le réservoir de l'avion de l'activité **1**, approche leur contenance en litres par défaut, puis par excès. Utilise les valeurs données au $\frac{1}{10}$ de litre près.

3 a. Plus précisément, 1 gallon est compris entre 3,78 L et 3,79 L.
Imagine les calculs de Mathilde et de Mathieu.

b. Pour le réservoir de la voiture, le tonneau et le réservoir de l'avion de l'activité **1**, approche leur contenance en litres par défaut, puis par excès, avec ces nombres.

4 a. Plus précisément,
1 gallon est compris entre 3,785 L et 3,786 L.
Pour le réservoir de la voiture, le tonneau et le réservoir de l'avion de l'activité **1**, approche leur contenance en litres par défaut, puis par excès, avec ces nombres.

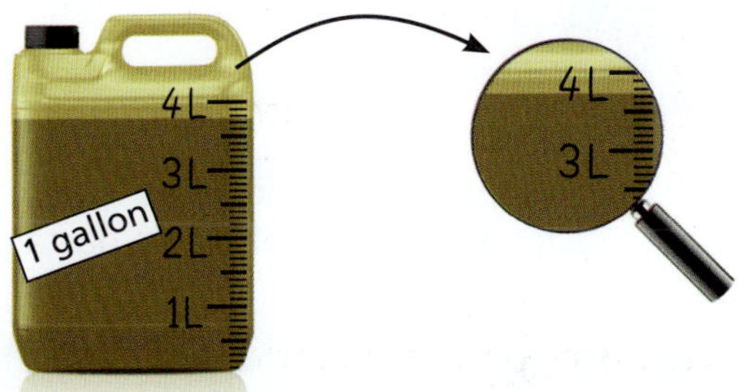

b. En fait, on sait que 81 gallons = 306,616 litres.
Dans tes derniers calculs, lequel donnait l'approximation la plus proche de ce nombre ?

J'ai appris

Si un récipient contient 58 gallons,
je peux approcher cette contenance en litres en calculant deux multiplications :
- en calculant 58 fois 3,785 j'obtiens une approximation « **par défaut** » ;
- en calculant 58 fois 3,786 j'obtiens une approximation « **par excès** ».

Je deviens performant

Le **q** et **r** mystérieux

q = 96 r = 32	q = 96 r = 36	q = 97 r = 13	q = 97 r = 32
q = 98 r = 370	q = 98 r = 32	q = 100 r = 3	q = 100 r = 63

5 173 : 53 ?

4 863 : 50 ?

1 003 : 10 ?

18 944 : 197 ?

25 063 : 250 ?

9 636 : 100 ?

98 370 : 1 000 ?

80 Quotient décimal d'une division (1)

CALCUL MENTAL
Sens des chiffres dans une mesure décimale
Voir présentation p. 12.

Je découvre

1 Le chef des brigands a 118,47 kg de poudre d'or qu'il veut partager en 6 parts égales.
Il calcule *118,47 : 6 = …* ou *6 × ? = 118,47*

d		u	$\frac{1}{10}$	$\frac{1}{100}$	6	
1	1	8,	4	7	d	u
	5	8			1	9
		4				

2 Tu vas apprendre à calculer le quotient décimal d'une division (on dit aussi : « pousser la division après la virgule ») en partageant les dixièmes, les centièmes, les millièmes, etc.

a **Partage des dixièmes :**

d		u	$\frac{1}{10}$	$\frac{1}{100}$	6			
1	1	8,	4	7	d	u	$\frac{1}{10}$	$\frac{1}{100}$
	5	8	↓		1	9		
		4						

d		u	$\frac{1}{10}$	$\frac{1}{100}$	6			
1	1	8,	4	7	d	u	$\frac{1}{10}$	$\frac{1}{100}$
	5	8	↓		1	9,	7	
		4	4					
			2					

b Partage des centièmes :

Il reste 2 dixièmes, c'est-à-dire 20 centièmes !
Avec les 7 centièmes qu'on avait au début ça fait 27 centièmes.
Il suffit d'abaisser le 7 pour les voir tous.

```
 d     u   1/10 1/100
 1  1  8,   4    7   | 6
       5 8  ↓    ↓   |-----------------
         4  4    ↓   | d  u  1/10 1/100
            2        | 1  9,  7
```

```
 d     u   1/10 1/100
 1  1  8,   4    7   | 6
       5 8  ↓    ↓   |-----------------
         4  4    ↓   | d  u  1/10 1/100
            2    7   | 1  9,  7    4
                 3   |
```

J'abaisse le 7.
27 centièmes divisés par 6, c'est 4 centièmes et il reste 3 centièmes à partager !

c Partage des millièmes :

Il y a un reste, mais la division peut continuer.
3 centièmes, c'est 30 millièmes !
Il suffit d'écrire un 0 pour les voir.

```
 d     u   1/10 1/100
 1  1  8,   4    7   | 6
       5 8  ↓    ↓   |---------------------------
         4  4    ↓   | d  u  1/10 1/100 1/1000
            2    7   | 1  9,  7    4
                 3   |
```

```
 d     u   1/10 1/100
 1  1  8,   4    7       | 6
       5 8  ↓    ↓       |---------------------------
         4  4    ↓       | d  u  1/10 1/100 1/1000
            2    7       | 1  9,  7    4     5
                 3   0   |
                     0   |
```

J'écris un 0.
30 millièmes divisés par 6, c'est 5 millièmes et il reste 0 millièmes !
La division est terminée.

Vérifie tes calculs.
Complète : *Chaque brigand aura...*

3 Saurais-tu calculer le quotient décimal des deux divisions suivantes ? 34,9 : 16 = 6,4 : 25 =
Dans quel cas le quotient d'une division commence-t-il par 0,... ?

J'ai appris

Quand on divise un nombre décimal par un nombre entier, après le partage des unités, **on peut partager les dixièmes, puis les centièmes, etc.**

On obtient un **quotient décimal**.

Quand le dividende est plus petit que le diviseur, le quotient décimal commence par *0,...*

4 Parmi les divisions suivantes, cherche d'abord celles dont le quotient décimal commence par 0,...
Calcule ensuite toutes les divisions (ne les pose que si c'est nécessaire).

653,22 : 4 =	9 001,4 : 100 =	7,604 : 25 =	5,437 : 100 =
16,94 : 10 =	26 030,1 : 8 =	8 920,73 : 1 000 =	86,716 : 95 =

81 Quotient décimal d'une division (2)

CALCUL MENTAL
Sens des chiffres dans une mesure décimale
Voir présentation p. 12.

Je découvre

1 Problème :

La longueur d'une corde est de 97 m. On la partage en 8 morceaux de même longueur.
Quelle est la longueur de chaque morceau ?

a. Observe comment Mathilde et Mathieu calculent cette division :

d	u		8
9	7		d u
1	7		1 2
	1		

d	u	$\frac{1}{10}$	8
9	7		d u $\frac{1}{10}$
1	7		1 2 , 1
	1	0	
		2	

b. Continue cette division en partageant les centièmes, les millièmes, etc.

c. *Saurais-tu écrire $\frac{1}{8}$ sous forme d'une écriture à virgule ?*

2 Problème :

La longueur d'un fil est de 12 m. On le partage en 32 morceaux de même longueur.
Quelle est la longueur de chaque morceau ?

a. Observe comment Mathilde résout ce problème. Termine son calcul et réponds.

	u	32
1	2	u
		0 ,

	u	$\frac{1}{10}$	32
1	2		u $\frac{1}{10}$
1	2	0	0 , …

b. Pose ces divisions-fractions et pousse-les après la virgule.

18 : 24 = 13 : 16 = 3 : 5 = 20 : 32 =

3 Problème :

274 images sont à partager entre 8 enfants.
Combien chaque enfant recevra-t-il d'images ?

a. Observe.

	d	u	$\frac{1}{10}$	$\frac{1}{100}$		d	u	$\frac{1}{10}$	$\frac{1}{100}$
2	7	4			8				
	3	4				3	4,	2	5
		2	0						
			4	0					
				0					

b. Justifie ce que Mathilde dit à Mathieu.

J'ai appris

Le quotient d'une division-fraction peut s'exprimer de deux façons :

- sous forme fractionnaire, par exemple $73 : 8 = 9 + \frac{1}{8}$;
- sous forme d'une écriture à virgule d'un nombre décimal, en « poussant la division après la virgule », par exemple $73 : 8 = 9{,}125$.

Quand le dividende est plus petit que le diviseur, le quotient est inférieur à 1, il commence par 0,...

Dans certains problèmes de division, cela n'a pas de sens de chercher un quotient décimal.

Problèmes

4 Choisis la division qui convient pour résoudre chaque problème (n'effectue pas de calculs inutiles).

1. On veut répartir équitablement 5 litres de lait dans 8 saladiers.
Quelle quantité de lait doit-on verser dans chaque saladier ?

2. Quatre assiettes de porcelaine sont vendues au prix total de 38 €.
Quel est le prix d'une assiette ?

3. Un ruban de 12 m est découpé en 16 morceaux de même longueur.
Quelle est la longueur de chaque morceau ?

4. Le service maternité de l'hôpital a reçu 100 blouses. Il faut les répartir équitablement entre les 24 infirmières du service.
Combien de blouses chaque infirmière va-t-elle recevoir ?

5. Un fabricant de vêtements de fête doit expédier 342 costumes de carnaval à un supermarché. Pour cela, il va mettre les costumes dans des cartons, à raison de 24 costumes par carton.
Combien de cartons lui faut-il ?

Je deviens performant

Le **nombre** mystérieux

904,53	1 350,25	7 043,1	7 243,41
9 213,57	9 844,22	14 013,41	14 492,1

9,0453 × 100
92,87 × 106
10 × 704,31
14 617,9 – 604,49

12 621 – 3 407,43
69,01 × 210
43 208 : 32 =

82 La moyenne (1)

CALCUL MENTAL
Calculs proposés par écrit
Multiplication ou division d'un décimal par 10, 100 ou 1 000. Voir pp. 12-13.

Je découvre

1 Cécilia et Charles sont en vacances chez leur grand-mère depuis une semaine.
Ils ont noté ce qu'ils ont dépensé chaque jour depuis le début de leurs vacances…

Lundi	0,25 €
Mardi	2,15 €
Mercredi	5 €
Jeudi	6,20 €
Vendredi	0,55 €
Samedi	1,35 €
Dimanche	2 €
TOTAL	17,50 €

Pourquoi Cécilia a-t-elle calculé 17,5 : 7 = … ?

```
   u 1/10
1  7, 5  | 7
   3  5  |------
      0  | u 1/10
         | 2, 5
```

Lundi	2,50 €
Mardi	2,50 €
Mercredi	2,50 €
Jeudi	2,50 €
Vendredi	2,50 €
Samedi	2,50 €
Dimanche	2,50 €

a. *La dépense de Cécilia du lundi a-t-elle été inférieure ou supérieure à sa dépense moyenne par jour ? Et celle du mardi ?… du mercredi ? Etc.*
Y a-t-il un jour où sa dépense a été égale à cette dépense quotidienne moyenne ?
Quel est le jour où sa dépense a été la plus éloignée de la moyenne ?

b. Karim a dépensé 17,50 € en 10 jours, Marie 17,50 € en 5 jours, Cynthia 35 € en 14 jours.
Leur dépense quotidienne moyenne est-elle la même que celle de Cécilia et de Charles ?

c. Pour 21 jours de vacances à la mer, une famille a dépensé 2 047,50 €.
Quelle a été sa dépense moyenne par jour de vacances ?

J'ai appris

Pour calculer une **dépense moyenne par jour**,
on calcule la dépense totale, puis on divise celle-ci par le nombre de jours.
On fait donc **comme si la dépense était la même tous les jours.**

Quand on connait plusieurs valeurs d'une même grandeur (taille, prix, notes, etc.), on peut souvent calculer la grandeur moyenne, par exemple : *la taille moyenne des élèves d'une classe, le prix moyen du m² de terrain agricole, la moyenne des notes d'un collégien, etc.*

2 Ces quatre voitures sont garées pare-chocs contre pare-chocs.

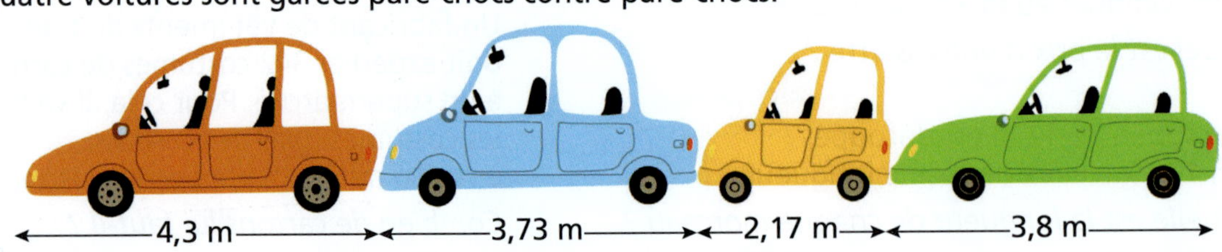

a. Calcule leur longueur moyenne (exprime-la en m).

b. *La longueur de la voiture orange est-elle inférieure ou supérieure à la longueur moyenne de ces voitures ? Et celle de la bleue ?… de la jaune ?… de la verte ?*
Y a-t-il une voiture dont la longueur est égale à cette moyenne ?
Une voiture a une longueur très éloignée de cette moyenne. *Laquelle ?*

c. La voiture orange s'en va. Elle est remplacée par une voiture longue de 3,9 m.
Que devient la longueur moyenne des voitures garées ici ?

3 M. et Mme Jaouën ont mis exactement 6 heures pour aller de Lille à Rennes par l'autoroute. D'heure en heure, ils ont noté le nombre de km qu'ils ont parcourus (lors de la troisième heure, ils se sont arrêtés sur une aire de repos pour déjeuner).

1re heure	56 km
2e heure	117 km
3e heure	29 km
4e heure	119 km
5e heure	116 km
6e heure	79 km

a. *Quelle a été la vitesse horaire moyenne de ce trajet ?*
Exprime-la en « km par heure », que tu peux noter « km/h ».

b. *Quelle a été l'heure où la vitesse a été la plus élevée ?*
Quelle a été l'heure où la vitesse a été la moins élevée ?
Pour chaque heure, indique si la vitesse a été inférieure ou supérieure à la vitesse moyenne.

Je deviens performant

A Vérifie les dimensions de ces deux figures (représentées ci-dessous à taille réelle).
Quelle figure a la plus grande aire ?

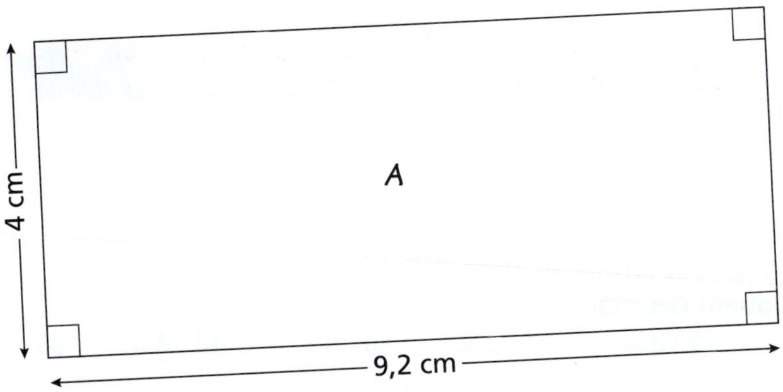

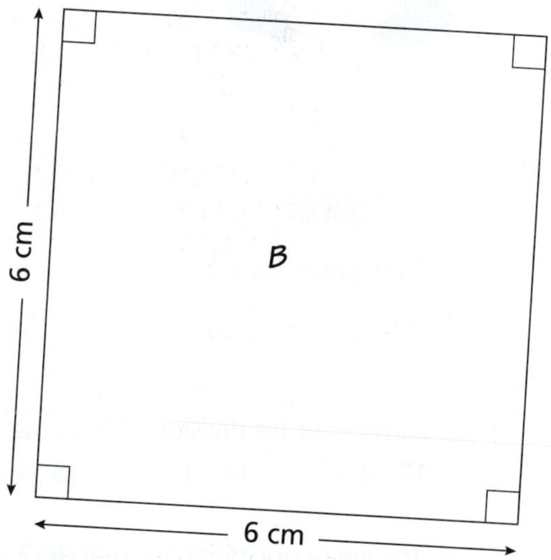

B Le **nombre** mystérieux

0,804	0,825	8,407	8,75
80,4	82,5	84,07	86,7
86,73	87,6	87,72	88,85

$2,58 \times 34$

$0,0825 \times 10$

$0,0876 \times 1\,000$

$0,59 \times 147$

$10 \times 8,04$

$4\,074,5 - 3\,985,65$

35 : 4

840,7 : 100

8,04 : 10

8 085 : 98

8 407 : 100

85 Division décimale : quotient approché

CALCUL MENTAL
1. **Sens des chiffres dans une mesure décimale**
   Voir présentation p. 12.
2. **Je pense à un nombre…**
   Voir présentation p. 11.

Je découvre

1 Calcule ces divisions : 74 : 6 = 57 : 11 = 79 : 27 = *Qu'observes-tu ?*

Tu vas apprendre à choisir le rang (dixième, centième, etc.) où l'on s'arrête dans de telles divisions.

2 Deux villes A et B sont distantes de 10 km.
Le parachutiste doit se poser sur le point qui est à 10 km : 7 (« 10 km divisé par 7 ») de A.
La tour de contrôle va lui proposer des approximations par défaut et par excès du quotient recherché.

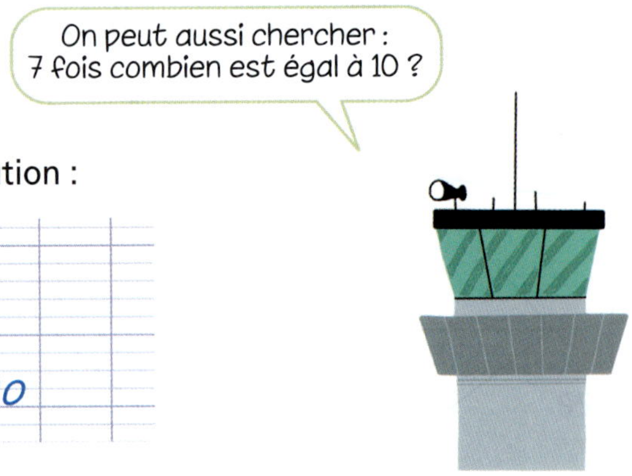

Observe comment les élèves d'une classe cherchent la solution :

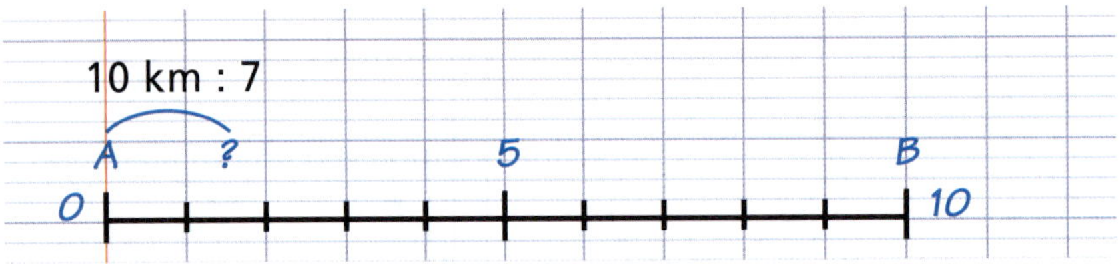

a **Approximation du quotient entre deux unités successives**

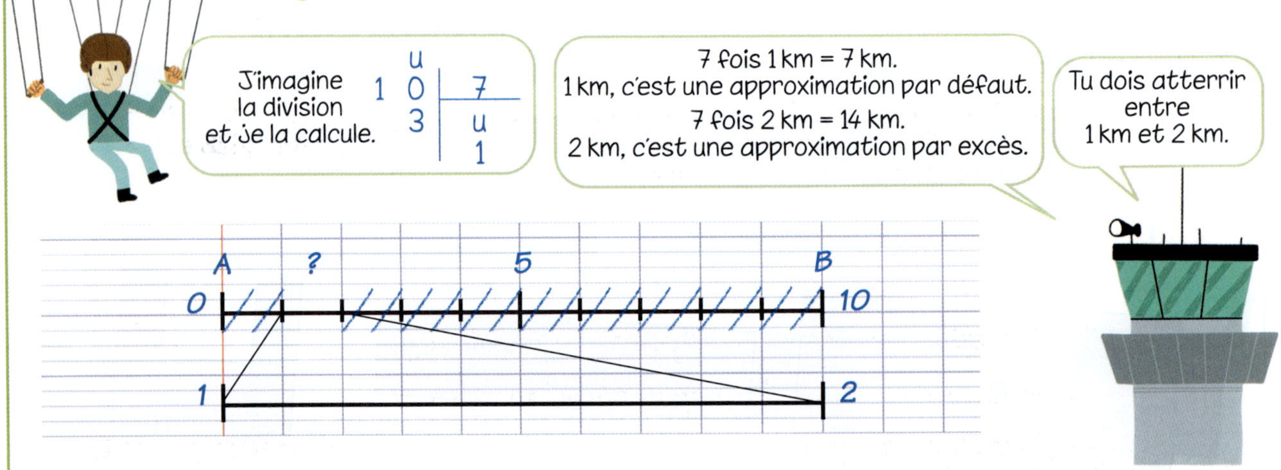

b **Approximation du quotient entre deux dixièmes successifs**

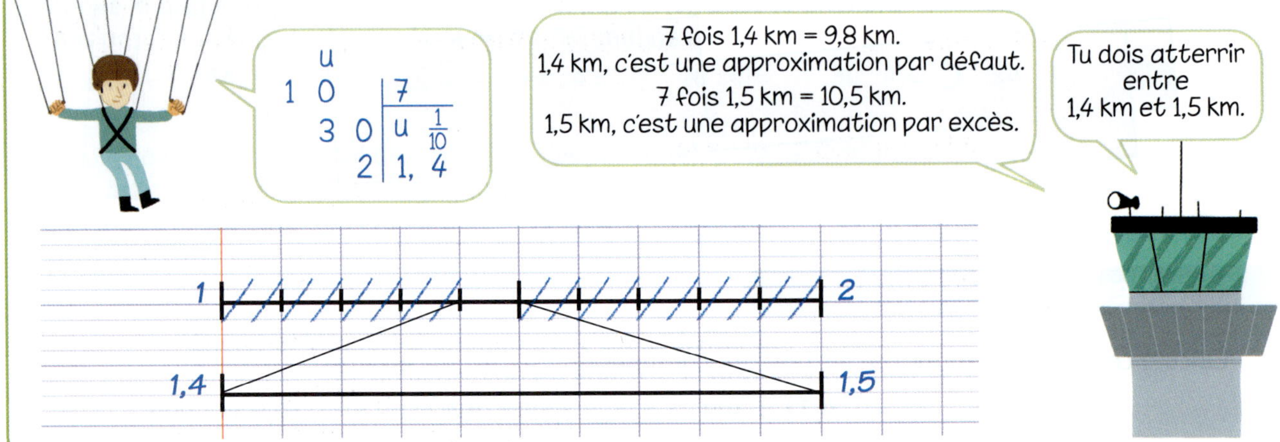

c Approximation du quotient entre deux centièmes successifs

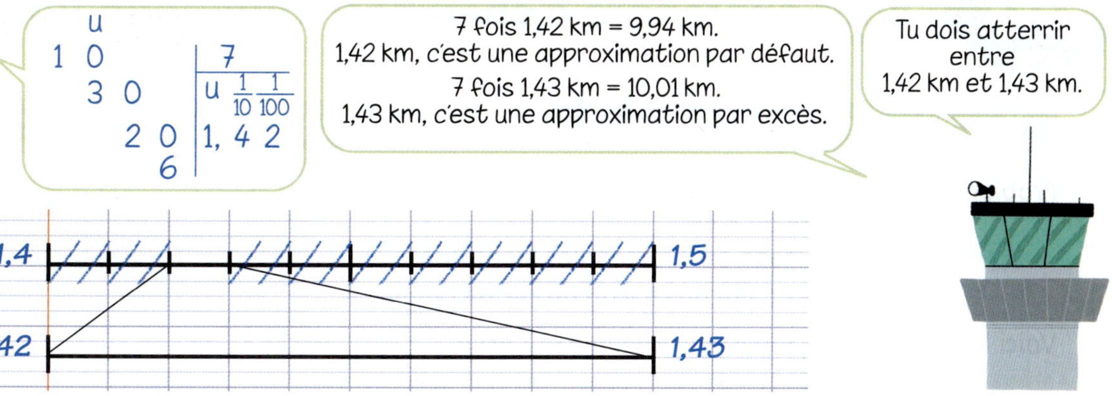

d Approximation du quotient entre deux millièmes successifs

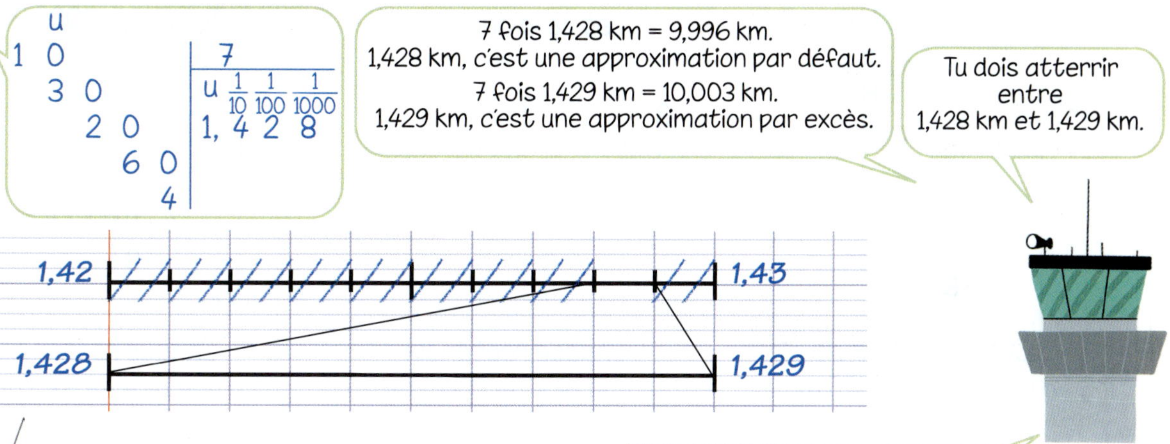

Jusqu'à quel rang faut-il pousser la division pour obtenir une approximation au dm près ?
Continue cette division en faisant le schéma correspondant (entre 1,428 et 1,429).
Et si on voulait être précis au mm près... ?

J'ai appris

Certaines divisions « ne tombent jamais juste ».

Il faut décider si on s'arrête : au $\frac{1}{10}$ ou au $\frac{1}{100}$ ou au $\frac{1}{1\,000}$ ou ...

Par exemple, si on calcule **10 : 7** en s'arrêtant au $\frac{1}{10\,000}$ près,

1,428**5** est une approximation **par défaut** ; 1,428**6** est une approximation **par excès**.
Dans le cas des mesures de longueur et d'aire, il faut décider la précision recherchée :

- Si on calcule 10 km : 7 et qu'on veut être précis au dm près, on s'arrête au $\frac{1}{10\,000}$.
- Si on calcule 10 dm^2 : 7 et qu'on veut être précis au cm^2 près, on s'arrête au $\frac{1}{100}$.

3 Calcule ces divisions à la précision demandée.

148 : 3 (*au* $\frac{1}{10\,000}$ *par défaut*)

5 : 13 (*au* $\frac{1}{1\,000}$ *par excès*)

43 : 7 (*au* $\frac{1}{100}$ *par excès*)

17 : 11 (*au* $\frac{1}{100\,000}$ *par défaut*)

4 Calcule ces divisions à la précision demandée (il y a des mesures d'aire et de longueur).

11 dam : 6 (*au mm près par excès*)

23 m^2 : 11 (*au dm^2 près par défaut*)

347 dm^2 : 17 (*au mm^2 près par défaut*)

12 km : 13 (*au mm près par défaut*)

88 Multiplier / diviser pour convertir : cas des mesures décimales

CALCUL MENTAL
1. **Sens des chiffres dans une mesure décimale**
Voir présentation p. 12.
2. **Je pense à un nombre…**
Voir présentation p. 11.

Je découvre

1 a. *3,278 m combien est-ce de dm ?*

b. *946,5 m combien est-ce de km ?*

c. Conversions (*demandées tantôt dans une unité plus petite, tantôt dans une unité plus grande*).

0,538 dam = … hm 75,2 hm = … m 475,239 km = … m 410,5 mm = … dm 372,4 km = … m

2 a. *27,4912 dm^2 combien est-ce de cm^2 ?*

b. *807,53 cm^2 combien est-ce de m^2 ?*

c. Conversions (*demandées tantôt dans une unité plus petite, tantôt dans une unité plus grande*).

95,08 m^2 = … dm^2 145,01 mm^2 = … cm^2 32,4752 dm^2 = … m^2 10,4215 dm^2 = … mm^2

J'ai appris

Pour convertir une mesure décimale de longueur ou d'aire, je raisonne comme dans la conversion des mesures entières.

Si je passe d'une unité à une unité plus petite, je calcule une multiplication :
3,27 dm = 32,7 cm (j'ai multiplié par 10)
3,27 dm^2 = 327 cm^2 (j'ai multiplié par 100)

Si je passe d'une unité à une unité plus grande, je calcule une division :
401,58 dm = 40,158 m (j'ai divisé par 10)
401,58 dm^2 = 4,0158 m^2 (j'ai divisé par 100)

3 Conversions (*il y a des mesures de longueur et des mesures d'aire*).

423,78 m = … cm 7,16 dm^2 = … m^2 37,294 km = … dam 6,02 m = … mm
81,65 m^2 = … cm^2 278,5 mm = … m 406,385 dm^2 = … m^2 406,385 dm^2 = … mm^2

Je deviens performant

Le **nombre** mystérieux

Les quotients des divisions ont été arrêtés au centième près par excès.

38,24	48,19	51,24
61,15	72,15	91,49

3 385 : 37 4 112,4 : 57
3 556 : 93 2 505,83 : 52
2 357 : 46

89 Les solides (2)

CALCUL MENTAL
Conversions de mesures décimales proposées par écrit
Voir présentation et précisions p. 13.

Je découvre

1 À l'aide de tes gabarits d'angle de $\frac{2}{3}$ d'angle droit et de $\frac{1}{2}$ d'angle droit et d'un double décimètre, trace un patron du solide représenté ci-contre en réduction. (Tu peux le tracer sur une feuille de papier quadrillé.)
Découpe-le et forme le solide (il s'appelle un « prisme triangulaire »).

Les triangles ABC et DEF sont superposables.
Les trois autres faces sont rectangulaires.

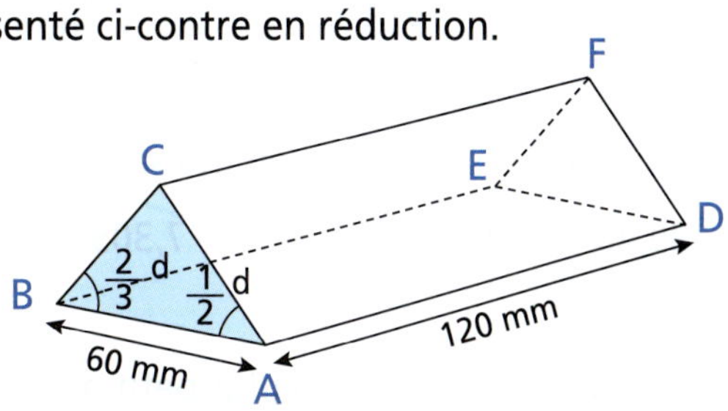

2 *Parmi les figures ci-dessous, lesquelles sont des patrons de cube ?*

Ce solide s'appelle un « cube » :

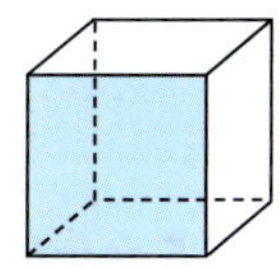

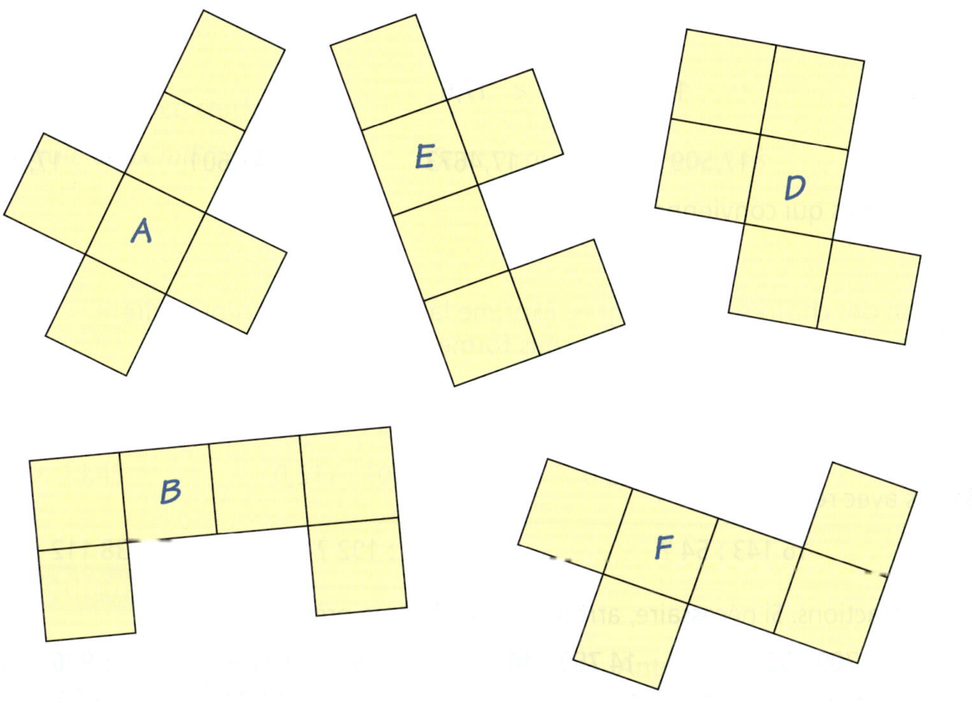

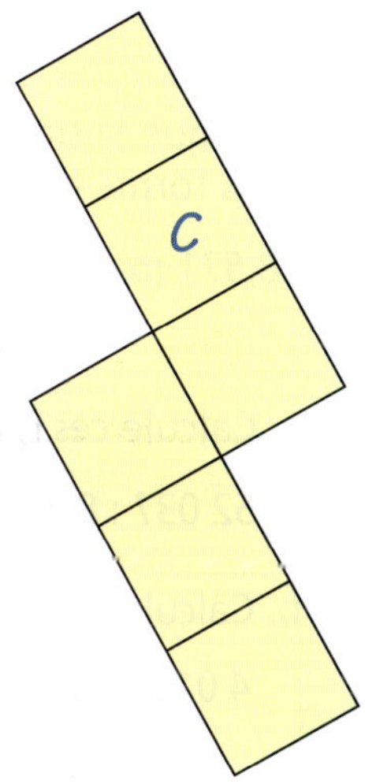

3 → **Cahier d'activités page 20**

Je deviens performant

Problèmes

1. On doit tracer un carré dont le périmètre est de 7 cm.
Quelle est la longueur d'un côté au mm près par défaut ?

2. Dans un rouleau de tissu de 14,25 m², on veut découper 11 pièces de même aire.
Quelle est l'aire de chacune de ces pièces au cm² près par défaut ?

3. Un cordon de 7,5 hm doit être découpé en 18 bouts d'égale longueur.
Quelle est la longueur de chaque bout au m près par excès ?

4. Un artisan veut fabriquer un jeu d'échecs de 15 dm². Il lui faudra 32 carreaux de bois sombre et 32 de bois clair (tous sont d'aire égale).
Quelle est l'aire de chaque carreau au mm² près par défaut ?

92 Proportionnalité (1)

CALCUL MENTAL
Conversions de mesures décimales proposées par écrit
Voir présentation et précisions p. 13.

Je découvre

1 Chez le marchand de primeurs, deux clients achètent des quantités différentes des mêmes tomates.

Ont-ils payé le même prix au kilogramme ? Peut-on prévoir le prix de 7 kg et de 41 kg ?

2 Deux autres clients achètent des quantités différentes des mêmes pommes de terre.

Ont-ils payé le même prix au kilogramme ?
Peut-on prévoir le prix de 7 kg et de 41 kg ?

En fait, pour calculer le prix de 3 kg et celui de 5 kg, le marchand a utilisé le tarif ci-contre.

a. Vérifie que les prix payés par les deux clients correspondent à ce tarif.

b. Calcule le prix de 7 kg et de 41 kg à partir de ce tarif.

3 Un automobiliste roule sur l'autoroute. 1 heure après son départ, il a parcouru 98 km. 2 heures après son départ, il a parcouru 196 km, et 3 heures après son départ 294 km.

Combien de km a-t-il parcourus durant la deuxième heure ? Et durant la troisième ?

S'il continue ainsi, combien de km aura-t-il parcourus après 7 heures de route ?

J'ai appris

Si on connait le prix de 3 unités (prix de 3 kg de tomates, de 3 m de tissu, etc.) et si **le prix à l'unité reste constant** quelles que soient les quantités achetées, on peut connaitre le prix correspondant à un nombre quelconque d'unités. On dit, alors, que **le prix est proportionnel à la masse, à la longueur**, etc.

De même, si **la vitesse d'un véhicule est constante**, on dit que **la distance parcourue est proportionnelle à la durée du parcours**…

Problèmes

4 1. À la poste, une personne a payé 3,46 € pour expédier un colis de 2 kg. Une autre personne a payé 4,35 € pour en expédier un de 3 kg.
Le prix est-il proportionnel au poids du colis ? Si c'est le cas, quel est le prix pour 10 kg ?

2. Une peinture est vendue par pots de 3 L, de 5 L ou de 12 L.
En utilisant 3 L, M. Leblanc a peint le mur d'une pièce sur une étendue de 12,48 m^2.
En utilisant 5 L, Mme Le Gouën a peint un mur sur une étendue de 20,8 m^2.
L'étendue qu'on peut peindre est-elle proportionnelle à la quantité de peinture utilisée ? Si c'est le cas, quelle étendue peut-on peindre avec un pot de 12 L ?

93 Symétrie par rapport à une droite (1)

CALCUL MENTAL
Je pense à un nombre…
Voir présentation p. 11.

Je découvre

1 → **Cahier d'activités page 21**

J'ai appris

La figure symétrique d'une figure donnée par rapport à une droite D s'obtient en imaginant qu'on plie la feuille selon la droite D alors que l'encre qui a permis de tracer la figure de départ n'est pas sèche.

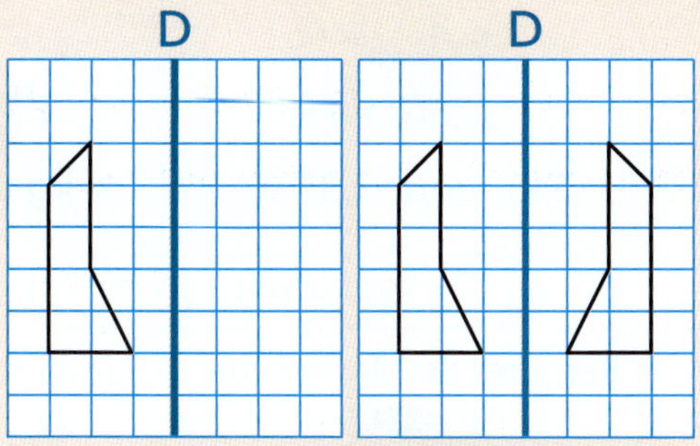

Quand la figure de départ n'a pas de point situé sur la droite D, on obtient **deux figures** qui sont symétriques par rapport à la droite D.

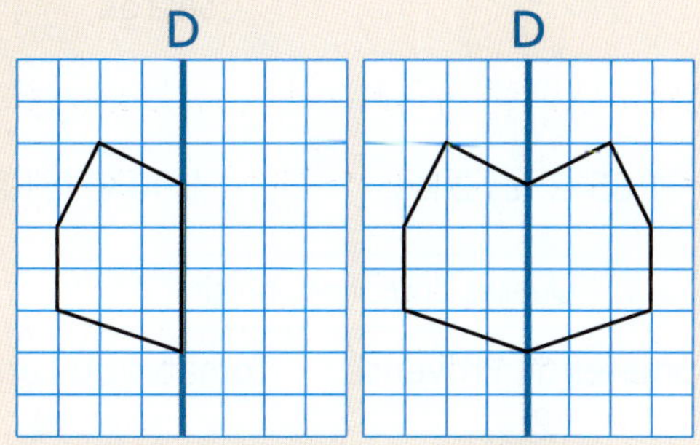

Quand la figure de départ a des points situés sur la droite D, les deux parties symétriques forment **une seule figure**.

On dit alors que la droite D est un axe de symétrie de cette figure.

2 Cherche les lettres qui ont un ou plusieurs axes de symétrie. Reproduis-les (même approximativement) et représente, pour chaque lettre, son ou ses axe(s) de symétrie.

D M K L X S

Je deviens performant

Problèmes

1. Pour couvrir un plafond de 30 m², un peintre a utilisé 28 plaques décoratives identiques.
Quelle est l'aire de chaque plaque au cm² près par défaut ?

2. En pressant 4 kg d'oranges, Amélie a obtenu 2,3 L de jus. En pressant 6 kg d'oranges, Michel a obtenu 3,45 L de jus.
Le volume de jus obtenu est-il proportionnel au poids des oranges qui ont été pressées ?
Si c'est le cas, quel est le volume de jus obtenu avec 10 kg d'oranges ?

3. Une pile de 11 boites à chaussures identiques a une hauteur totale de 2,54 m.
Quelle est la hauteur de chaque boite au mm près par excès ?

4. Dans une quincaillerie, une bobine de 15 m de fil électrique est vendue 7,05€ et une bobine de 25 m du même fil est vendue 10,75 €.
Le prix du fil électrique est-il proportionnel à sa longueur ?
Si c'est le cas, quel est le prix de 30 m de fil électrique ?

94 Proportionnalité (2) : situations de comparaison

CALCUL MENTAL
Divisions par 2 d'un entier ⩽ 100 et par 4 d'un entier ⩽ 48.
Voir présentation p. 13.

Je découvre

1 Julien est au rayon des fruits et légumes. Les prix indiqués sont proportionnels au poids. Aide-le à choisir.

Je cherche les produits les moins chers.

a. *Quelles carottes choisir ?*

Carottes Bojardin

1,65 € les 2 kg

Carottes Sakrok

1,90 € les 2 kg

b. *Quelles pommes choisir ?*

Pommes golden

3 kg pour 3,35 €

Pommes reinettes

4 kg pour 3,35 €

c. *Quelles tomates choisir ?*

Tomates de Provence

4 € les 3 kg

Tomates du Languedoc

3,85 € les 5 kg

d. *Quelles bananes choisir ?*

Bananes de Martinique

4 kg pour 3,60 €

Bananes du Cameroun

5 kg pour 4,65 €

J'ai appris
Dans une situation de proportionnalité, si les prix sont donnés sous la forme : « 3 kg pour 2,42 € », « 6,29 € les 3 m », « 10 € les 12 litres », etc., pour connaitre le produit le moins cher, il n'est pas toujours nécessaire de calculer le prix à l'unité.

2 Aide Virginie.

Dans chaque cas, je cherche la plus grande moyenne.

a. *Quel chalutier a pêché le plus de poissons par jour, en moyenne ?*

La Marie-Galante

En 4 jours, 26 500 kg

L'Espérance

En 3 jours, 26 500 kg

b. *Qui, en moyenne, a roulé le plus vite ?*

Mme Alix

302 km en 4 h

M. Capello

293 km en 5 h

c. *Quelles oranges donnent le plus de jus par kg, en moyenne ?*

Oranges El Sol

4 kg donnent 5,3 L

Oranges Azura

4 kg donnent 5,15 L

d. *Qui a bu le plus de lait en moyenne par jour ?*

Salima

1,08 L en 8 jours

Marc

1,8 L en 15 jours

J'ai appris
Pour connaitre la plus grande de deux moyennes, il n'est pas toujours nécessaire de calculer ces moyennes.

3 Voici divers mélanges d'eau et de sucre.
Aide Karim.

a. Mélange A ou B ?

Mélange A

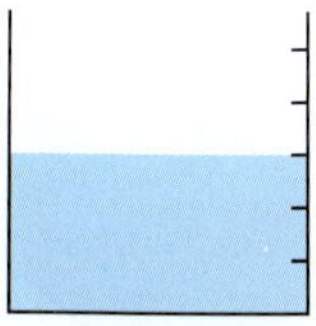

13 g de sucre dans 3 L d'eau

Mélange B

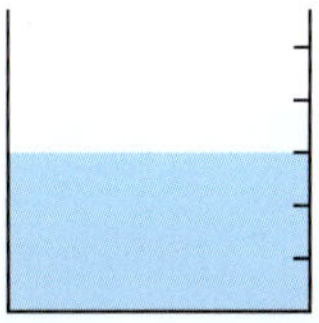

17 g de sucre dans 3 L d'eau

b. Mélange C ou D ?

Mélange C

27 g de sucre dans 4 L d'eau

Mélange D

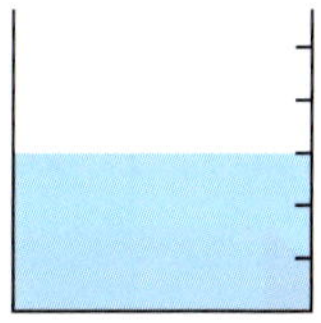

27 g de sucre dans 3 L d'eau

c. Mélange E ou F ?

Mélange E

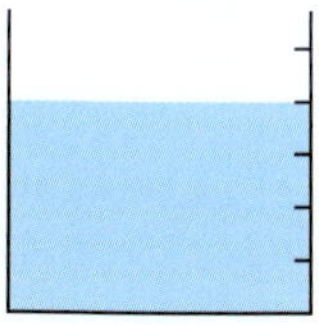

9 g de sucre dans 4 L d'eau

Mélange F

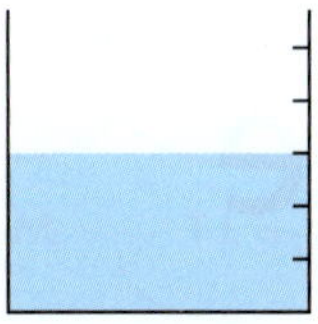

11 g de sucre dans 3 L d'eau

d. Mélange G ou H ?

Mélange G

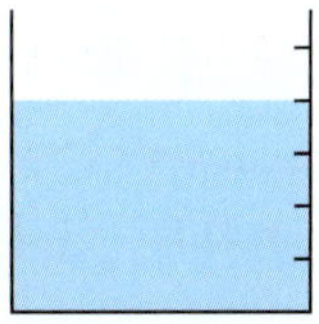

25 g de sucre dans 4 L d'eau

Mélange H

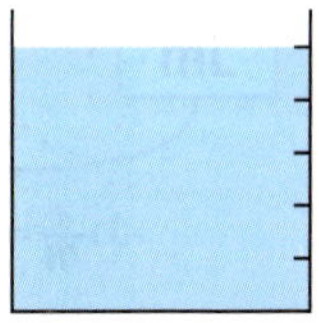

31 g de sucre dans 5 L d'eau

J'ai appris

Lorsqu'on dissout du sucre (ou du sel, du savon, etc.) dans de l'eau,
pour connaitre le mélange le plus sucré (ou le plus salé, le plus savonneux, etc.),
il n'est pas toujours nécessaire de calculer
la quantité de sucre (ou de sel, de savon, etc.) par unité de volume d'eau.

Je deviens performant

A Problèmes

1.

Le prix payé est-il proportionnel au nombre de tickets achetés ?
Si c'est le cas, quel est le prix de 20 tickets ?

2.

Le prix des paires de chaussettes est-il proportionnel au nombre de paires achetées ?
Si c'est le cas, quel est le prix de 15 paires ?

B → Cahier d'activités page 21

99 Proportionnalité (3)

CALCUL MENTAL

1. **Divisions par 2 d'un entier ⩽ 100 et par 4 d'un entier ⩽ 48.**
Voir p. 13.
2. **Je pense à un nombre...**
Voir présentation p. 11.

Je découvre

1 Un mur est construit avec des pierres identiques. Il a une hauteur de 15 pierres. Paula a constaté que sa taille est égale à la hauteur de 3 pierres exactement. Paula mesure 1,60 m. Elle se demande si elle pourrait connaitre la hauteur du mur.

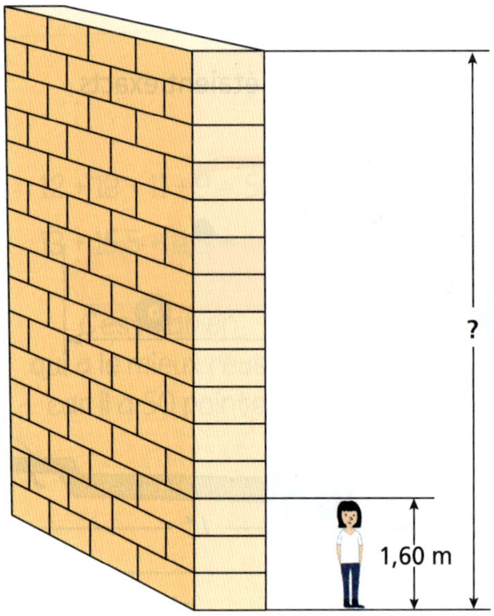

a. Observe comment Mathilde et Mathieu résolvent ce problème.

Si 3 pierres, c'est 1,60 m
1 pierre, c'est 3 fois moins, c'est 1,60 : 3
15 pierres, c'est 15 fois plus...

u $\frac{1}{10}$ $\frac{1}{100}$
1,6 0 | 3
1 0 | u $\frac{1}{10}$ $\frac{1}{100}$
0, 5

J'ai une solution plus rapide !
15 pierres, c'est 5 fois 3 pierres.
Si 3 pierres, c'est 1,60 m,
15 pierres, c'est 5 fois plus, c'est 1,60 m x 5.

b. Termine les calculs de Mathilde.

c. Cherche la solution comme Mathieu.
Trouves-tu le même résultat ?

2 Chez le boulanger, les mini-croissants sont toujours vendus au même prix à l'unité. Olivier achète 7 mini-croissants et on lui annonce un prix total de 2,94 €.
Quel serait le prix de 28 mini-croissants ? ... de 70 mini-croissants ?

J'ai appris

Si on connait la masse totale de 6 objets identiques et si on veut connaitre celle de 18 de ces objets, on peut utiliser deux méthodes :

a. On peut chercher la masse de 1 objet (on calcule une division par 6) ; il faut ensuite multiplier cette valeur par 18.
Mais, souvent, la division « ne s'arrête pas » et l'on obtient un quotient approché.
Le produit de ce nombre par 18 est alors, lui aussi, une approximation.

b. Comme la masse de 18 objets identiques est 3 fois celle de 6 objets, il suffit de multiplier par 3 la masse de 6 objets.
Le calcul est plus facile et l'on obtient un produit exact.

Problèmes

3 À chaque fois que c'est possible, ne calcule pas la valeur de l'unité.

1. Une recette de pâte à crêpes demande 1,4 L de lait pour 3 personnes.
Quelle quantité de lait faut-il pour faire la même pâte à crêpes pour 9 personnes ?
2. Un satellite tourne régulièrement autour de la Terre. En 9 heures, il fait 22,5 tours de Terre.
Combien de tours fait-il en une journée de 24 heures ?
3. En pressant 75 kg de pommes reinettes, une usine a déjà obtenu 0,594 hL de jus.
Quelle quantité de jus de pomme obtiendra-t-elle avec 7 500 kg de ces mêmes pommes ?

100 Multiplier / diviser pour convertir des mesures de masse

CALCUL MENTAL
Conversions de mesures décimales proposées par écrit
Voir présentation et précisions p. 13.
On inclut des mesures de contenance.

Je découvre

1 a. Cherche dans le dictionnaire les mots : *tonne, quintal, décigramme, centigramme, milligramme.*

b. Une seule mesure est possible. *Laquelle ?*

1 t
1 q
10 kg
Une camionnette

1 t
1 q
10 kg
Un rugbyman

1 hg
1 dag
1 g
Une souris

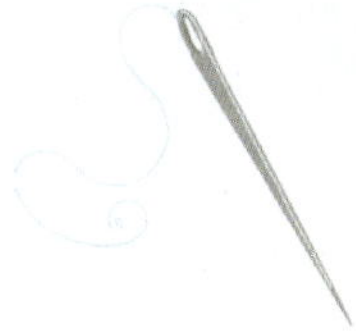
1 dg
1 cg
1 mg
Une aiguille

J'ai appris

a. Le quintal (q) et la tonne (t) sont des unités de masse.
Le quintal est 100 fois plus grand que le kilogramme.
Entre le quintal et le kilogramme, l'unité n'a pas de nom.
La tonne est 1 000 fois plus grande que le kilogramme.

b. Les unités successives de masse vont de 10 en 10, comme pour les longueurs et les contenances :

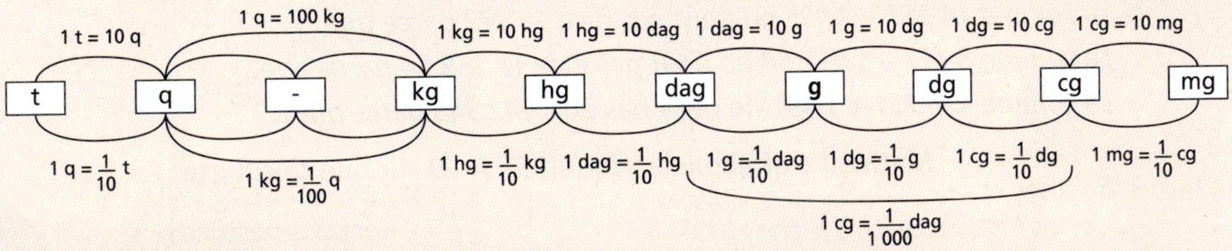

c. Cela permet de comprendre n'importe quelle mesure décimale de masse (et d'effectuer des changements d'unité) :

3,721 t

C'est 3 t. — *C'est $\frac{7}{10}$ t ou 7 q.* — *C'est $\frac{21}{1\,000}$ t ou 21 kg.*

2 Explique la signification des chiffres écrits en gras. Exprime la masse qu'ils représentent sous forme d'une fraction de l'unité utilisée, puis sous forme d'une mesure entière.

3,0**6**7 g — 0,3**5**6 hg — 24,001**7** t — **7**2,02 q

3 Il faut convertir tantôt dans une unité plus petite, tantôt dans une unité plus grande.

- 93,5 kg (*il faut faire apparaitre les q*)
- 2,79 t (*il faut faire apparaitre les kg*)
- 64,7 hg (*il faut faire apparaitre les g*)
- 0,8 cg (*il faut faire apparaitre les g*)

4 On te propose des unités de masse, de contenance, de longueur et d'aire et il faut convertir tantôt dans une unité plus petite, tantôt dans une unité plus grande.

- 134,5 kg (*il faut faire apparaitre les q*)
- 6,207 L (*il faut faire apparaitre les cL*)
- 8,9 t (*il faut faire apparaitre les kg*)
- 34,6 dm² (*il faut faire apparaitre les m²*)
- 5,31 dm (*il faut faire apparaitre les hm*)
- 7,2 kg (*il faut faire apparaitre les dg*)
- 0,985 m² (*il faut faire apparaitre les cm²*)
- 14,8 cg (*il faut faire apparaitre les dag*)

101 Évaluer l'ordre de grandeur du résultat d'un calcul

CALCUL MENTAL
Conversions de mesures décimales proposées par écrit
Voir présentation et précisions p. 13.
On inclut des mesures de masse.

Je découvre

1 Quand on utilise une calculette, il arrive qu'on se trompe de touche et que le résultat soit faux. Parfois un raisonnement simple permet de repérer cette erreur. Observe.

Mathilde a effectué l'addition 7 534 + 519 sur une calculette.

2 On te propose des additions et des résultats. Tous les résultats sont faux. Sans poser l'addition, trouve un raisonnement qui explique pourquoi le résultat donné est impossible et complète la phrase.

a. *La somme 48 129 + 1 018 ne peut pas être 48 947 parce que…*
b. *La somme 14 967 + 3 905 ne peut pas être 19 872 parce que…*
c. *La somme 8 127 + 5 012,54 ne peut pas être 12 139,54 parce que…*
d. *La somme 139 751 + 1 497 ne peut pas être 142 348 parce que…*

3 **Mathieu a effectué le produit 57 × 29 sur une calculette.**

Mathilde n'a pas posé la multiplication.
Comment sait-elle que ce résultat est faux ?
Explique son raisonnement.

4 On te propose des produits et des résultats. Tous les résultats sont faux. Sans poser la multiplication, trouve un raisonnement qui explique pourquoi le résultat donné est impossible et complète la phrase.

a. *Le produit 99 × 63 ne peut pas être 6 527 parce que…*
b. *Le produit 103 × 75 ne peut pas être 7 496 parce que…*
c. *Le produit 3,9 × 297 ne peut pas être 1 214,3 parce que…*
d. *Le produit 4 026 × 8,1 ne peut pas être 31 579,6 parce que…*

Je deviens performant

Problèmes

Ces deux problèmes concernent des situations de proportionnalité.
Quand c'est possible, ne calcule pas la valeur de l'unité.

1. Le poids net d'une palette de 900 briques identiques est de 2,075 t.
Quel sera le poids de 1 800 de ces mêmes briques ?

2. On a mesuré la quantité d'eau qui coule dans le lit d'un fleuve pendant 8 min. C'est 180 000 hL.
Quelle quantité d'eau coule en 30 min ?

102 La moyenne (2)

CALCUL MENTAL
Conversions de mesures décimales proposées par écrit
Voir présentation et précisions p. 13.
On inclut des mesures de masse.

Je découvre

1 Voici les effectifs des classes de deux écoles élémentaires :

École Guillaume-Apollinaire

CP a :	22 élèves
CP b :	24 "
CE 1 a :	23 "
CE 1 b :	23 "
CE 2 a :	23 "
CE 2 b :	25 "
CM 1 a :	26 "
CM 1 b :	24 "
CM 2 a :	27 "
CM 2 b :	28 "

CP a :	19 élèves
CP b :	20 "
CP c :	19 "
CE 1 a :	19 "
CE 1 b :	21 "
CE 1 c :	20 "
CE 2 a :	28 "
CE 2 b :	28 "
CM 1 a :	29 "
CM 1 b :	27 "
CM 2 a :	26 "
CM 2 b :	28 "

École Louis-Aragon

a. *En moyenne, combien y a-t-il d'élèves par classe dans chacune de ces deux écoles ?*

b. *Quelle est l'école qui a le plus d'élèves ? Quelle est celle qui a le plus d'élèves par classe en moyenne?*

c. *Quelle est celle dont le nombre moyen d'élèves par classe est le plus proche de 24 ?*

J'ai appris

Quand on calcule un nombre moyen d'élèves par classe dans une école, il est normal d'obtenir un nombre décimal d'élèves, par exemple 25,8 élèves. Évidemment, aucune classe ne peut avoir 25 élèves et 8 dixièmes d'élève ! Mais cela permet quand même de savoir que le nombre moyen d'élèves par classe est **plus proche de 26 que de 25.**

2 Calcule ces moyennes au centième près par défaut :

a. Dans une commune, on a recensé 1 407 habitants. Ceux-ci ont, en tout, 623 voitures.
Combien d'habitants y a-t-il par voiture ?

b. Pour préparer des flans pour 36 personnes, on a utilisé 43 œufs.
Combien d'œufs a-t-on utilisés par personne ?
Combien faudrait-il d'œufs pour préparer le même flan pour 5 personnes ?

Je deviens performant

A Qui va là ?

13,2 < ? < 13,35

13,4 13,28 13,300 13,19 13,345

Trouve deux autres nombres qui conviennent.

0,05 < ? < 0,1

0,009 0,09 0,080 0,4 0,95 0,072

Trouve deux autres nombres qui conviennent.

B Le nombre mystérieux

0,0025 0,025 20,597
24 24,011 24,101
25 29,158 30,17 2 429,672

$0,5 \times 48$
$0,25 \times 100$
$25,739 - 1,728$
$0,25 : 100$
$2\ 410,1 : 100$

$8,072 \times 301$
$0,478 \times 61$
$74 - 53,403$
$1\ 719,69 : 57$

103 Construire, lire et interpréter des graphiques (1)

CALCUL MENTAL
Divisions par 2 d'un entier ⩽ 100 et par 4 d'un entier ⩽ 48.
Voir présentation p. 13.

Je découvre

1 Le responsable d'une piscine a noté dans un tableau, à la fin de chaque mois, le nombre moyen d'entrées enregistrées chaque jour de ce mois :

Mois	Janv.	Fév.	Mars	Avr.	Mai	Juin	Juil.	Août	Sept.	Oct.	Nov.	Déc.
Entrées : moyenne par j	208	166	234	283		632	655	698	356	257	214	183

Il a commencé un graphique qui représente l'évolution de la fréquentation de cette piscine :

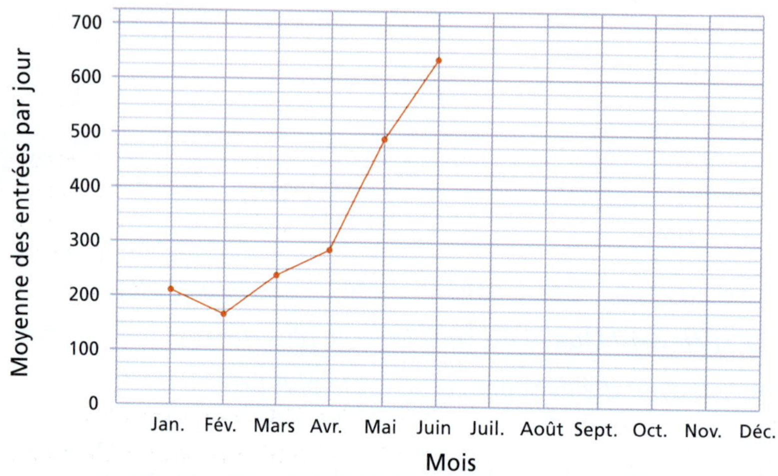

a. Explique comment le responsable de la piscine a calculé, pour chaque mois, le nombre moyen d'entrées par jour.

b. Sur le graphique, vérifie que les points représentant le nombre moyen d'entrées par jour des mois de janvier à juin correspondent bien aux nombres du tableau.

c. Dans le tableau, une tache masque le nombre moyen d'entrées par jour en mai. En observant le graphique, réponds par *vrai* ou *faux* :
- Le nombre moyen d'entrées par jour en mai est de 500.
- Le nombre moyen d'entrées par jour en mai est plus proche de 450 que de 500.
- Le nombre moyen d'entrées par jour en mai est compris entre 475 et 500.

d. Reproduis ce graphique (1 carreau = 100 entrées) et complète-le.

e. *Quels sont les trois mois de l'année où il y a le plus grand nombre moyen d'entrées par jour ? Comment l'expliques-tu ?*

f. *Quels sont les six mois où il y en a le moins ? Comment l'expliques-tu ?*

g. *Quels sont les deux mois entre lesquels le nombre moyen d'entrées par jour a le plus augmenté ? … diminué ? Où le voit-on le plus rapidement, dans le tableau ou sur le graphique ?*

Je deviens performant

Problèmes

Ces deux problèmes concernent des situations de proportionnalité.
Quand c'est possible, ne calcule pas la valeur de l'unité.

1. Pour parcourir 100 km sur autoroute, la voiture de M. Leleu a consommé 8,05 L d'essence.
Quelle serait cette consommation pour un trajet de 700 km dans les mêmes conditions ?

2. Un agriculteur répand un engrais liquide naturel dans ses champs.
Dans un champ de 5 000 m^2, il a répandu 625 L d'engrais.
Pour un champ de 8 000 m^2, quelle quantité d'engrais liquide lui faudrait-il ?

104 Proportionnalité (4)

CALCUL MENTAL

1. **Conversions de mesures décimales…**
   Voir présentation et précisions p. 13.
   On inclut des mesures de contenance et de masse.
2. **Je pense à un nombre…**
   Voir présentation p. 11.

Je découvre

1 Un mur est construit avec des pierres identiques. Il a une hauteur de 18 pierres et mesure 5,16 m. David a constaté que sa taille est égale à la hauteur de 6 pierres exactement.
Peut-on connaitre la taille de David ?

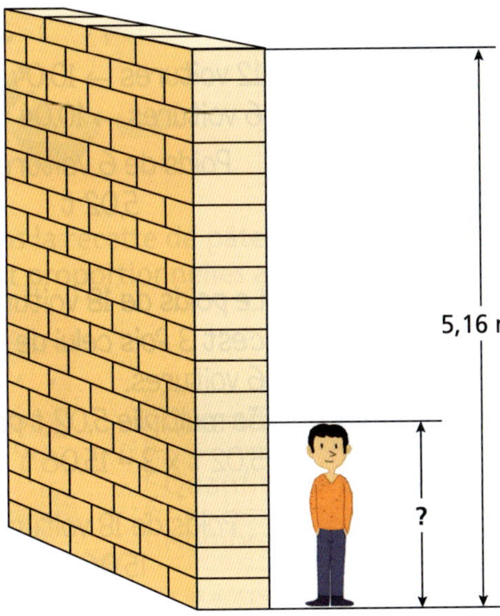

a. Observe les solutions de Mathilde et Mathieu.

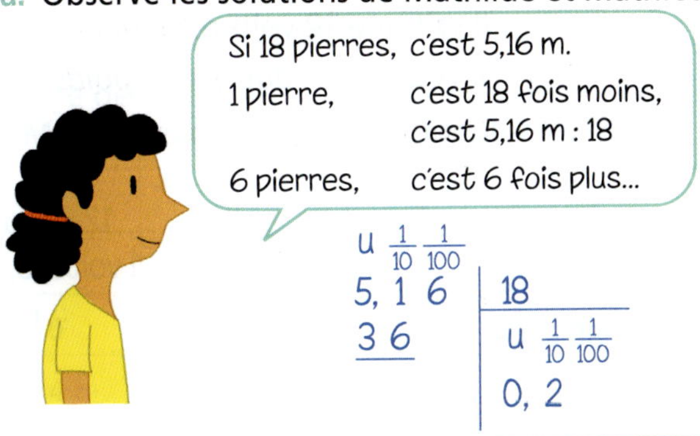

b. Termine les calculs de Mathilde.
c. Cherche la solution comme Mathieu.
Trouves-tu le même résultat ?

2 Chez le boulanger, les pains au lait sont toujours vendus au même prix à l'unité. Pour le petit déjeuner de ses clients, un hôtelier achète 30 pains au lait. On lui annonce un prix total de 21,60 €.
Quel serait le prix de 3 pains au lait ? Quel serait le prix de 10 pains au lait ?

J'ai appris

Si on connait la masse totale de 21 objets identiques et si on veut connaitre celle de 7 de ces objets, on peut utiliser deux méthodes :

a. On peut chercher la masse de 1 objet (on calcule une division par 21) ; il faut ensuite multiplier cette valeur par 7.
Mais, souvent, la division « ne s'arrête pas » et l'on obtient un quotient approché. Le produit de ce nombre par 7 est alors, lui aussi, une approximation.

b. La masse de 7 objets identiques, c'est 3 fois moins que celle de 21 objets ; il suffit de diviser la masse de 21 objets par 3.
Très souvent, ce calcul est plus facile.

Problèmes

3 À chaque fois que c'est possible, ne calcule pas la valeur de l'unité.

1. Pour un de ses clients, un jardinier a travaillé 8 heures qu'il a facturées 90 €.
   Quel serait le montant de la facture pour 4 heures de travail ?
2. Pour une salade de fruits pour 8 personnes, il faut 10 cuillères à dessert de sucre en poudre.
   Combien en faut-il pour 3 personnes ?
3. Une fromagerie utilise 4,8 hL de lait de chèvre pour fabriquer 100 kg de fromage de chèvre frais.
   Quelle quantité de lait de chèvre lui faut-il pour obtenir 25 kg de fromage ?

109 Agrandissements, réductions de figures

CALCUL MENTAL
Calculs proposés par écrit
Calculs du type « 4,5 fois 13 ».
Voir présentation p. 13.

Je découvre

1 → **Cahier d'activités page 23**

2 Sur cette page, la figure modèle a été tantôt réduite, tantôt agrandie.
Dans quels cas les dimensions de cette figure ont-elles été multipliées par 2 (doublées), par 3 (triplées) ?
Dans quels cas les dimensions de cette figure ont-elles été divisées par 2, par 4 ?

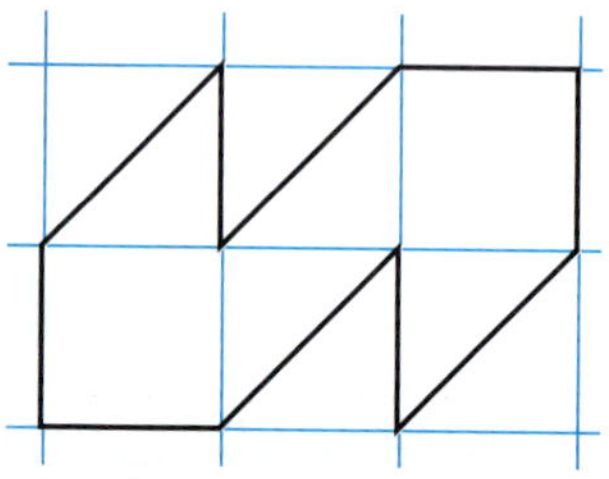
figure-modèle

A
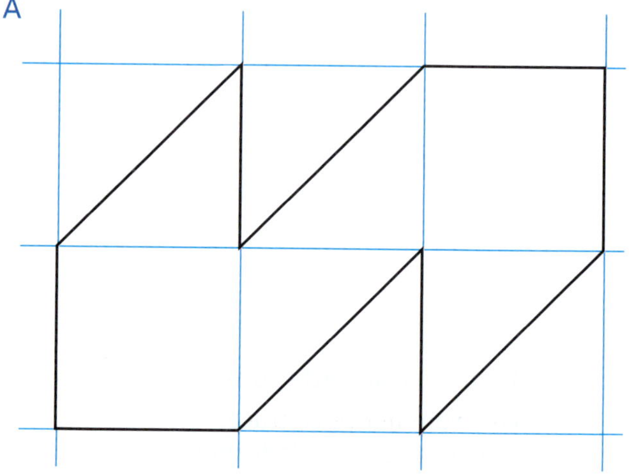

B
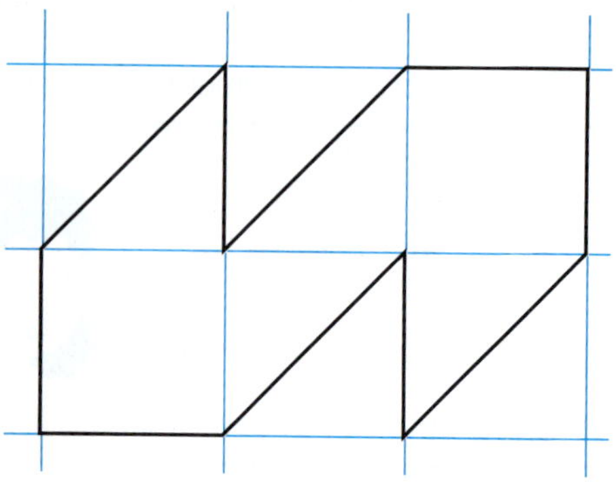

C
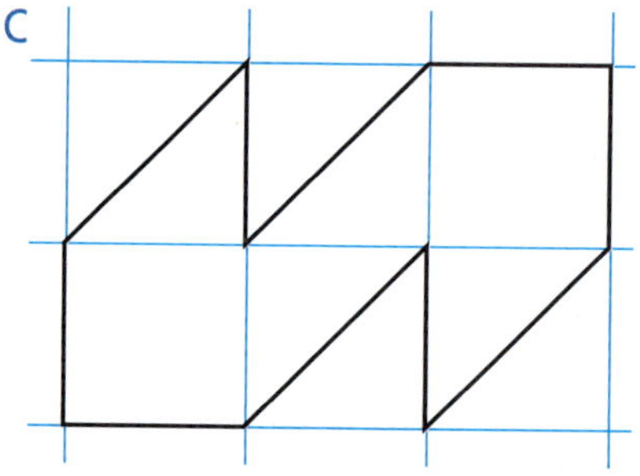

D
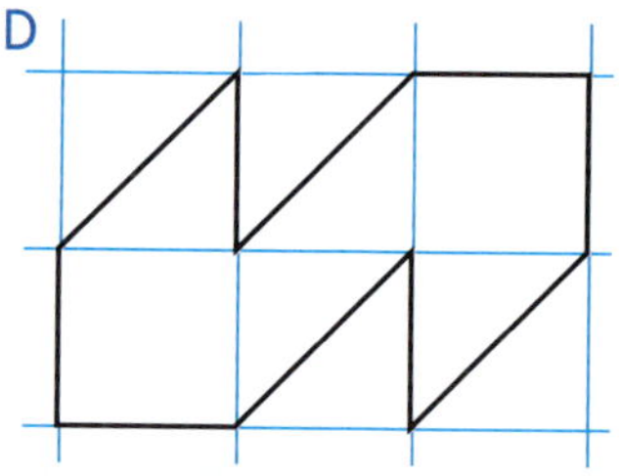

E

F
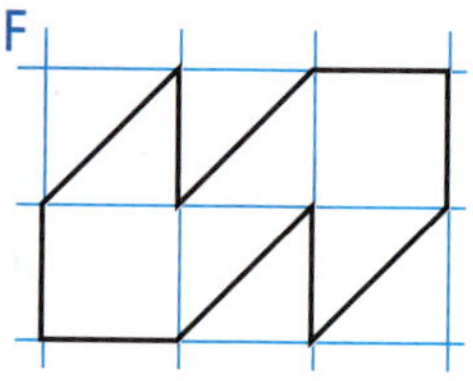

G
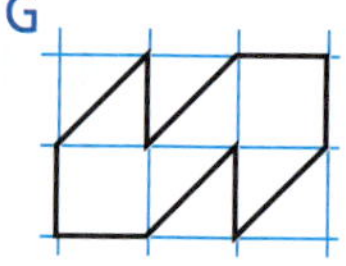

H
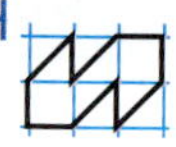

I

110 Périmètre et aire du rectangle

CALCUL MENTAL
Calculs proposés par écrit
Calculs du type « 4,5 fois 13 ».
Voir présentation p. 13.

Je découvre

1 Détache de ton matériel les rectangles A, B, C, D et E représentés ci-dessous en réduction.
Pour chaque rectangle, vérifie les dimensions des côtés déjà indiquées, calcule son périmètre et son aire et indique-les dessus.

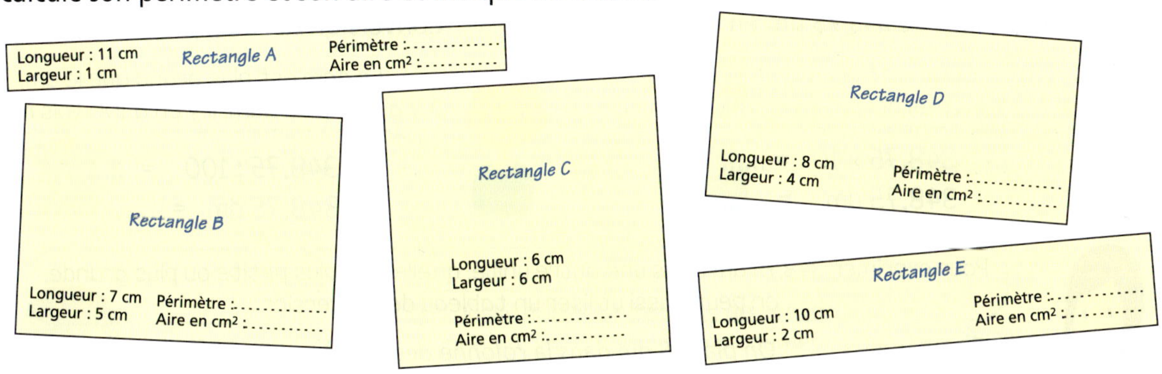

a. *Que remarques-tu ?*
b. Ordonne ces rectangles de celui qui a la plus petite aire à celui qui a la plus grande.
c. Trouve les dimensions d'un rectangle **F** qui a le même périmètre que tous ces rectangles, mais une aire inférieure à celle du rectangle **A**…
d. … et d'un rectangle **G** qui a le même périmètre, mais une aire supérieure à celle du rectangle **C**.

J'ai appris

Des rectangles peuvent avoir des périmètres égaux et des aires différentes.
Ainsi, tous les rectangles ci-dessous ont le même périmètre (= 80 mm), mais leur aire est de plus en plus grande. **M** a la plus grande aire possible pour un périmètre de 80 mm.

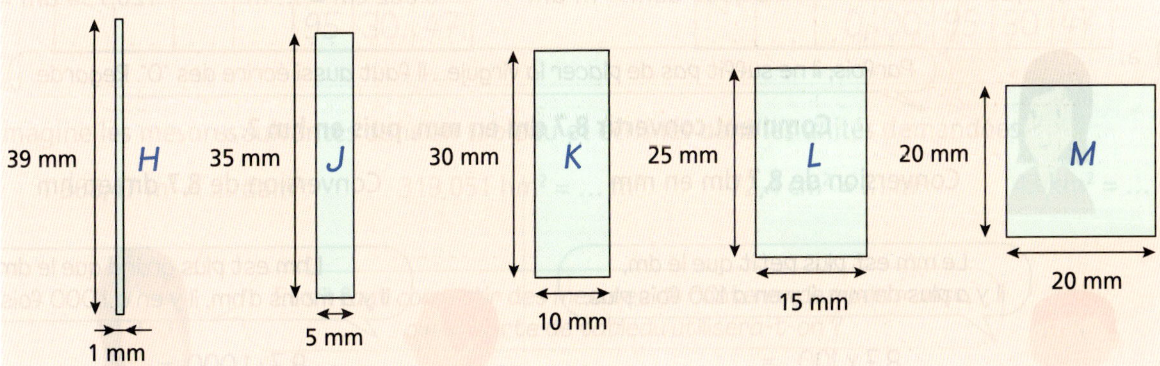

Je deviens performant

A On te propose des calculs et des résultats. Tous les résultats sont faux. Sans poser l'opération, trouve un raisonnement qui explique pourquoi le résultat donné est impossible et complète la phrase.
- *La somme 648 + 995 ne peut pas être 1 743 parce que…*
- *Le produit 4 × 1 056 ne peut pas être 4 024 parce que…*
- *Le produit 9,5 × 377 ne peut pas être 3 775 parce que…*

B Le **nombre** mystérieux

3 908,57 | 3 958,5 | 4 080
4 138,5 | 4 158 | 4 388,57 | 4 500

10,5 × 377
0,5 × 9 000
303 534 : 73 =

4,09 × 1 073
4 566,7 − 658,13
40,8 × 100

114 Prendre la fraction d'un nombre (1)

CALCUL MENTAL
Conversions de mesures décimales proposées par écrit
Usage d'un tableau de conversion.
Voir p. 13.

Je découvre

1 → **Cahier d'activités page 24**

2 Trouve le nombre demandé sans utiliser de schéma.

$\frac{3}{4}$ de 36, c'est… $\frac{2}{3}$ de 36, c'est… $\frac{5}{4}$ de 36, c'est… $\frac{11}{3}$ de 36, c'est…

J'ai appris

Pour prendre les $\frac{2}{3}$ de 18, par exemple :
- je commence par diviser 18 par 3, j'obtiens $\frac{1}{3}$ de 18 ;
- puis, pour avoir les $\frac{2}{3}$ de 18, je multiplie le résultat par 2.

On écrit $18 \times \frac{2}{3} = 12$

Le signe « multiplié » rappelle qu'il faut multiplier par 2.
La barre de fraction rappelle qu'il faut diviser par 3.

On peut aussi écrire $\frac{2}{3} \times 18 = 12$
On dit qu'*on a pris les* $\frac{2}{3}$ *de 18* ou qu'*on a multiplié 18 par* $\frac{2}{3}$.
Quand on multiplie un nombre par une fraction < 1, le résultat est inférieur à ce nombre.
Quand on multiplie un nombre par une fraction > 1, le résultat est supérieur à ce nombre.

Problèmes

3 1. La ligne TGV Paris-Lyon a une longueur totale de 465 km.
Quelle distance le TGV a-t-il parcourue quand il a effectué les $\frac{3}{4}$ *du trajet ?*
Quelle distance lui reste-t-il à parcourir ?

2. Pour une recette de cuisine, on a fabriqué une pâte avec du beurre et de la farine.
En tout, il y a 2,750 kg de pâte dans les proportions suivantes : $\frac{4}{5}$ de farine, $\frac{1}{5}$ de beurre.
Quelle quantité de farine a-t-on mis dans cette pâte ?

4 a. Parmi les produits ci-dessous, repère, sans les calculer, ceux dont le résultat sera supérieur au nombre entier de départ.
b. Calcule tous ces produits.
c. Vérifie si tes anticipations en a. étaient correctes.

$\frac{3}{4} \times 96$ $925 \times \frac{43}{100}$ $\frac{22}{7} \times 259$ $624 \times \frac{2}{16}$

Je deviens performant

Complète les phrases ci-dessous en utilisant seulement des mots de la liste.
- [EA] est … à [CB] et … à [EC].
- La droite D est un … de cette figure.
- ABCDE est un … . Il a 5 … .
- Dans le … EABC, l'angle du … B est un angle droit.
- O est le … du … AB.

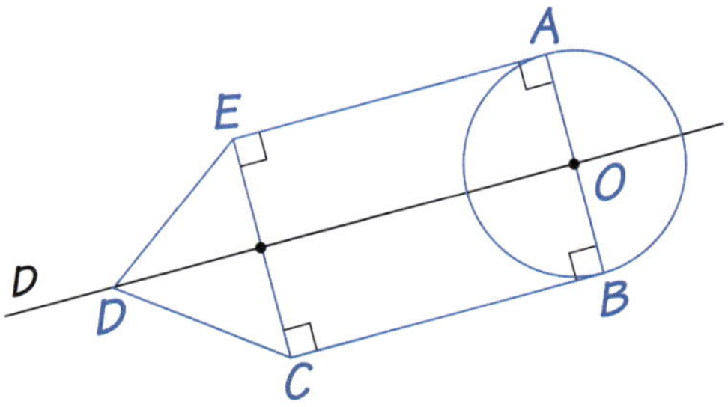

axe de symétrie – centre – cercle – côté – diamètre – milieu – parallèle – périmètre – perpendiculaire – polygone – rayon – rectangle – segment – sommet.

115 Prendre la fraction d'un nombre (2)

CALCUL MENTAL
Conversions de mesures décimales proposées par écrit
Usage d'un tableau de conversion.
Voir p. 13.

Je découvre

1 a. Observe comment Mathilde et Mathieu résolvent ces deux problèmes.

Chez son quincailler, M. Paoli commande une perceuse électrique à 61 €. Il doit avancer 35 % (ou $\frac{35}{100}$) du prix à la commande.
Combien d'argent doit-il avancer ?

Je prends les $\frac{35}{100}$ de 61, c'est-à-dire $\frac{35}{100} \times 61$.

D'abord, je divise 61 par 100, c'est 0,61. Puis, je multiplie 0,61 par 35.

$$\begin{array}{r} 0,61 \\ \times\ 35 \\ \hline \end{array}$$

Une école achète 61 stylos à 0,35 € pièce.
Combien va-t-elle dépenser ?

Je multiplie 0,35 par 61.

$$\begin{array}{r} 0,35 \\ \times\ 61 \\ \hline \end{array}$$

b. Avant de calculer ces deux multiplications, on peut être certain que leur résultat sera le même. Explique pourquoi, puis vérifie en calculant les deux produits.

c. *Avant de résoudre ces deux problèmes, que peux-tu dire de leurs solutions numériques ?*

Un motocycliste doit parcourir 112 km. Il a déjà parcouru $\frac{7}{10}$ de cette distance.
Combien de km a-t-il déjà parcourus ?

Un cycliste a fait 112 fois le tour d'une piste qui mesure 0,7 km.
Combien de km a-t-il parcourus ?

J'ai appris

Prendre les $\frac{9}{10}$ de 27 et calculer 27 fois 0,9 conduisent au même résultat.

Prendre les $\frac{46}{100}$ de 283 et calculer 283 fois 0,46 conduisent au même résultat.

2 Prends ta calculette et trouve la solution de chaque problème en faisant une multiplication.

1. À Moussac, il tombe en moyenne chaque année 1 352 L d'eau par mètre carré. Lors d'un violent orage, en un jour, il est tombé 15 % de cette quantité.
Quelle quantité d'eau (en L par m²) est tombée ce jour-là ?

2. Un agriculteur a commencé la moisson de ses 37 ha de blé. Il en a déjà moissonné les $\frac{2}{10}$.
Combien d'hectares a-t-il déjà moissonnés ?

3. Le chantier d'un tunnel long de 6 km touche à sa fin. Le tunnelier a déjà percé les 873 millièmes de la longueur totale.
Quelle longueur a-t-il déjà percée ?
Quelle longueur lui reste-t-il à percer ?

4. Dans une usine métallurgique, la quantité d'aluminium produite correspond, en moyenne, à $\frac{23}{100}$ de la masse de minerai.
Quelle quantité d'aluminium (en t) peut-elle obtenir avec 21 995 tonnes de minerai ?

Je deviens performant

Le **nombre** mystérieux

4 368 | 4 393,14 | 4 398
4 432,71 | 4 508,14 | 4 608,89 | 4 708,89

31 028,97 : 7
43,98 × 100
470 889 : 100

6,205 × 708
10 366,7 – 5 757,81
$\frac{3}{4} \times 5\,824$

118 119 Bilan terminal de la quatrième période

1 Compare ces nombres en utilisant les signes >, < ou =.

0,29 … 0,3   7,800 … 7,8   13,2 … 13,197   10,518 … 10,52

2 Range ces nombres du plus petit au plus grand.

6,367   6,4   6,37   6,301   6,3   6,291

3 **Qui** va là **?**

1,32 < ? < 1,5

1,318   1,39   1,045   1,16   1,402   1,45

Trouve deux autres nombres qui conviennent.

4

Quel est le nombre le plus proche de 6 ?	*Quel est le nombre le plus proche de 13 ?*	*Quel est le nombre le plus proche de 1 ?*
5,975 ou 6,24	12,8 ou 13,185	0,597 ou 1,41

5 Calcule.

412,7 + 5,002	28,4 + 2,086 + 5,23	0,309 + 0,7037	
12,3 – 11,95	49 – 0,075	42,268 – 39,76	
3 × 9,708	0,517 : 100	41 609,1 : 1 000	0,028 × 1 000
680,32 : 10	12,5 × 100	153,061 × 10	8,2 : 1 000
73 × 5,08	0,015 × 862	904 × 8,507	730 × 2,851

6 Indique, pour chaque droite, si elle est un axe de symétrie.

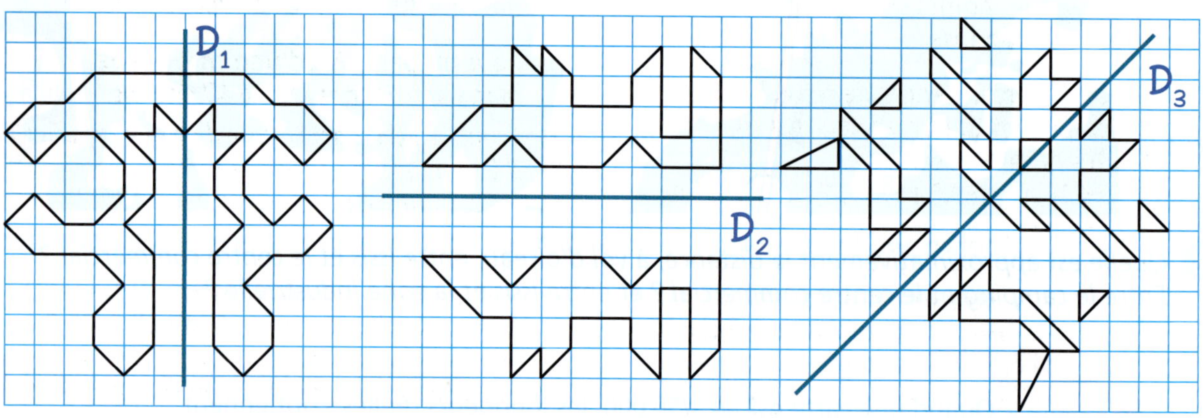

7 a. Calcule.

40 629 : 7 ?   37 381 : 62 ?   1 793 : 487 ?   46 201 : 77 ?

b. Calcule. Si nécessaire, arrête ces divisions au millième près par défaut.

290,3 : 28 =   1 134,79 : 57 =   6 976 : 81 =   8 206 : 125 =

8 a. Reproduis la figure représentée ici en réduction.
(O est le centre du cercle de rayon 37 mm.)
Tu peux commencer par le carré central.

b. *Cette figure a-t-elle un axe de symétrie ?*
Si oui, trace-le et appelle-le D.

c. *Quelle est l'aire du carré central ?*
Est-elle plus petite ou plus grande que 0,5 dm² ?
Quelle est celle d'un petit rectangle
(de part ou d'autre du carré central) ?

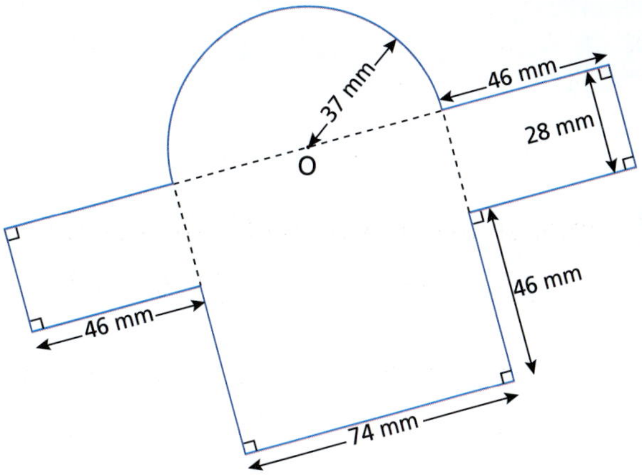

9 Imagine chaque mesure dans le tableau qui convient et écris-la dans l'unité demandée.

618,4 cm = … m	502 mm² = … dm²	0,07 L = … cL	0,017 m² = … cm²
5,31 dm² = … cm²	438 hL = … dL	500 cm² = … m²	85 kg = … q
320 g = … kg	24,59 hm² = … km²	1,2 dag = … mg	0,24 dam = … dm

Problèmes

10 1. Un taxi a emmené M. Vito à l'aéroport.
Ce trajet de 8 km a couté 25,25 €.
Pour une autre course de 5 km,
Mme Martin a payé 16,25 €.
Ce tarif est-il proportionnel au nombre de km parcourus ? Si c'est le cas, quel est le prix d'une course de 15 km ?

2. À la piscine, Lucie et Amandine ont fait dix longueurs de bassin.
Lucie a mis 6 min 47 s et Amandine 400 s.
Qui a mis le moins de temps ?
Justifie ta réponse.

3. Voici les performances de deux lanceurs de poids A et B, l'un après 4 essais, l'autre après 3 essais :
A : 18,24 m ; 16,55 m ; 19,43 m ; 18,07 m.
B : 18,09 m ; 18,64 m ; 18,83 m.
Lequel de ces deux lanceurs a réalisé la meilleure performance ?
Et la meilleure performance moyenne ?

4. Cynthia achète un compas à 7,56 €, deux pochettes de feuilles à 2,35 € pièce, et une boite de 10 recharges d'encre pour son stylo-plume à 1,45 € la boite.
Elle n'a qu'un billet de 20 €.
Est-ce assez ? Si oui, la caissière doit-elle lui rendre de l'argent ? Combien ?

5. Habituellement, une brioche Céfré pèse 300 g. Pour une promotion, une nouvelle brioche est vendue au même prix, avec 25 % de produit en plus.

Si on achète ce produit, quelle quantité de brioche (en g) a-t-on maintenant ?

6. Pour préparer 6 L d'une citronnade, la maison Fruitos utilise 47 citrons.
Combien de citrons faut-il pour préparer 3 L de la même citronnade ?
… Et pour 12 L ? … Et pour 15 L ?

7. Quatre bergers landais comparent leurs troupeaux :
Lise a 8 brebis de moins que Luc ;
Jean a 2 fois moins de brebis que Lise ;
Luc a 84 brebis ; il en a 5 de plus que Farid.
Combien de brebis y a-t-il dans chaque troupeau ?

8. Un autocar pèse 6,963 t à vide.
Trois personnes montent dedans.
Le car pèse maintenant 7,18 t.
Quel est, en kg, le poids total de ces personnes ? Quel est leur poids moyen ?

Séquence hors progression

La calculatrice : comprendre le fonctionnement de la mémoire

1 « Remettre à zéro » une calculatrice qui possède une mémoire

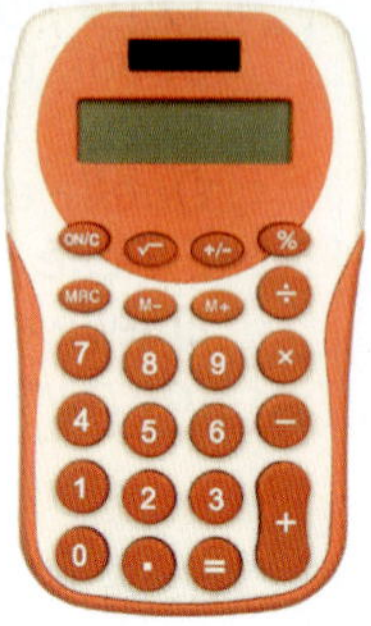

Une calculatrice possède une mémoire lorsqu'elle a les touches M+, M– et MRC.
Est-ce le cas de la tienne ?

Remets ta calculatrice à zéro.

* Sur certaines calculettes, c'est une touche C/CE qui remet l'écran à zéro.
(La touche ON sert alors seulement à allumer la calculette.)

2 Calculer des additions sans utiliser les touches + et =

Assure-toi que ta calculette est remise à zéro.
Appuie successivement sur 9 M+ 6 M+ et MRC. *Qu'observes-tu ?*

Remets ta calculette à zéro. Appuie sur 20 M+ 7 M+ 12 M+ et MRC. *Qu'observes-tu ?*

Ne remets pas ta calculette à zéro (imagine que tu as oublié de le faire).
Appuie sur 1 000 M+ 30 M+ 2 M+ 500 M+ et MRC. *Qu'observes-tu ?*

J'ai appris

Avec une calculette à mémoire, on peut faire une suite d'additions sans utiliser les touches + et =, en utilisant les touches M+ et MRC.

Mais il faut d'abord remettre la calculette à zéro et on ne voit pas les résultats intermédiaires.

Sans utiliser les touches + et =, calcule cette suite d'additions : (6 802 + 754) + 2 013.
Vérifie ce calcul avec ta calculette en utilisant les touches + et =.

3 Calculer une suite de soustractions sans utiliser les touches – et =

Assure-toi que ta calculette est remise à zéro. Appuie sur 11 M+ 2 M– et MRC. *Qu'observes-tu ?*

Remets ta calculette à zéro. Appuie sur 175 M+ 25 M– 53 M– et MRC. *Qu'observes-tu ?*

Sans utiliser les touches – et =, calcule cette suite de soustractions : (915 – 648) – 273.
Vérifie ce calcul avec ta calculette en utilisant les touches – et =.

4 Pendant les calculs avec les touches + , – , × et ÷, la machine n'oublie pas ce qu'elle a en mémoire

Assure-toi que ta calculette est remise à zéro et tape : 128 M+.

Tape : 6 + 7 = ? *Quel résultat observes-tu ?* Tape MRC. *Qu'observes-tu ?*
Tape : 24 – 19 = ? *Quel résultat observes-tu ?* Tape MRC. *Qu'observes-tu ?*
Tape : 9 × 5 = ? *Quel résultat observes-tu ?* Tape MRC. *Qu'observes-tu ?*
Tape : 32 ÷ 4 = ? *Quel résultat observes-tu ?* Tape MRC. *Qu'observes-tu ?*

Tape : 51 M+.
Tape : 6 + 7 = ? *Quel résultat observes-tu ?* Tape MRC. *Qu'observes-tu ?*

Tape : 40 M–.
Tape : 6 + 7 = ? *Quel résultat observes-tu ?* Tape MRC. *Qu'observes-tu ?*

5 Mettre en mémoire le résultat d'un calcul

Remets ta calculette à zéro et tape : 8 × 7 = , puis tape M+.

Tape : 3 + 9 = ? *Quel résultat observes-tu ?* Tape MRC. *Qu'observes-tu ?*
Tape : 12 − 8 = ? *Quel résultat observes-tu ?* Tape MRC. *Qu'observes-tu ?*
Tape : 8 × 5 = ? *Quel résultat observes-tu ?* Tape MRC. *Qu'observes-tu ?*

Tape : 7 M–.
Tape : 3 + 9 = ? *Quel résultat observes-tu ?* Tape MRC. *Qu'observes-tu ?*

Tape : 51 M+.
Tape : 3 + 9 = ? *Quel résultat observes-tu ?* Tape MRC. *Qu'observes-tu ?*

6 Mettre à zéro le contenu de la mémoire

Mélanie et Sébastien essaient de comprendre à quoi sert la touche MRC. *Qui a raison ?*

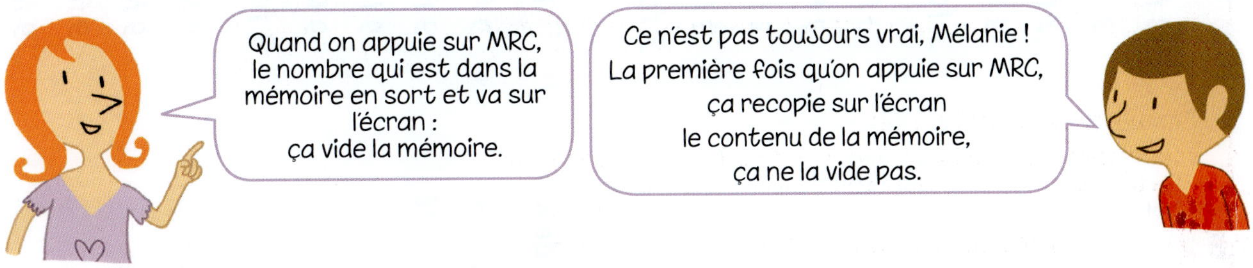

J'ai appris

MRC sont les initiales de **Memory** (mémoire) **Recall** (rappel) **Cancel** (annulation).
La 1re fois qu'on appuie dessus, ça « recopie » le contenu de la mémoire sur l'écran, la 2e fois, ça « vide » la mémoire (après, elle contient le nombre 0).

7 Utiliser la mémoire pour effectuer un calcul avec parenthèses

Problème : Dans la cuve d'une coopérative laitière, il y a déjà 4 095 litres de lait. Le mardi matin, un fermier livre 487 litres. L'après-midi, trois camions-citernes enlèvent chacun 1 375 litres de lait et les emmènent à la fromagerie Belle Meule.

Quelle quantité de lait reste-t-il dans la cuve après le départ des camions ?

Sébastien, Mélanie et Cécile ont cherché la solution de ce problème avec une calculette.

Sébastien

Il faut calculer :
4 095 + 487 - 1 375 x 3

J'ai d'abord tapé :
4 095 + 487 =

Puis j'ai tapé :
- 1 375 x

ça a affiché 3 207 !
Je ne comprends pas !

Mélanie

Il faut calculer :
4 095 + 487 - (1 375 x 3)

J'ai d'abord tapé : 4 095 + 487 =
et j'ai noté le résultat
sur un papier : 4 582

Puis j'ai tapé : 1 375 x 3 =
et j'ai noté le résultat : 4 125.

Puis j'ai tapé 4 582 - 4 125 =.

Cécile

Il faut calculer :
4 095 + 487 - (1 375 x 3)

J'ai remis ma calculette à 0
et j'ai tapé : 4 095 + 487 =.
Puis j'ai tapé M+.
Puis j'ai tapé 1 375 x 3 =.
Puis j'ai tapé M-.

Pour voir le résultat,
j'ai tapé MRC.

Quelle(s) solution(s) convien(nen)t ? Pourquoi la ou les autres ne conviennent-elles pas ?
Quand on ne dispose que de la calculette, quelle solution faut-il adopter ?

8 Calcule d'abord par écrit sur ton cahier, puis avec la calculette uniquement :

1 231 − (5 × 176) (648 × 9) − (3 × 1 709) 2 604 − (4 233 − 2 957) (48 × 32) + (6 × 731) − (47 × 12)

J'apprends les tables de multiplication

Entraine-toi à compléter ces tables avec un feutre effaçable.
Dans la table de 4, les nombres vont de 4 en 4 : *4, 8, 12, 16, 20…*

Et surtout, **apprends à dire directement un résultat** sans réciter la table depuis le début.

Si je veux savoir combien font ***4 fois 6****,*
je cherche… *dans la* ***table de 4****, à la* ***6e ligne****. Après 20, c'est 24.*

Si je veux savoir combien font ***4 fois 9****,*
je cherche… *dans la* ***table de 4****, à la* ***9e ligne****. Avant 40, c'est 36.*

Table de 2	
2 fois 1,	*2*
2 fois 2,	*4*
2 fois 3,	....
2 fois 4,	....
2 fois 5,	....
2 fois 6,	....
2 fois 7,	....
2 fois 8,	....
2 fois 9,	....
2 fois 10,	....

Table de 3	
3 fois 1,	*3*
3 fois 2,	*6*
3 fois 3,	....
3 fois 4,	....
3 fois 5,	....
3 fois 6,	....
3 fois 7,	....
3 fois 8,	....
3 fois 9,	....
3 fois 10,	....

Table de 4	
4 fois 1,	*4*
4 fois 2,	*8*
4 fois 3,	....
4 fois 4,	....
4 fois 5,	....
4 fois 6,	....
4 fois 7,	....
4 fois 8,	....
4 fois 9,	....
4 fois 10,	....

Table de 5	
5 fois 1,	*5*
5 fois 2,	*10*
5 fois 3,	....
5 fois 4,	....
5 fois 5,	....
5 fois 6,	....
5 fois 7,	....
5 fois 8,	....
5 fois 9,	....
5 fois 10,	....

Table de 6	
6 fois 1,	*6*
6 fois 2,	*12*
6 fois 3,	....
6 fois 4,	....
6 fois 5,	....
6 fois 6,	....
6 fois 7,	....
6 fois 8,	....
6 fois 9,	....
6 fois 10,	....

Table de 7	
7 fois 1,	*7*
7 fois 2,	*14*
7 fois 3,	....
7 fois 4,	....
7 fois 5,	....
7 fois 6,	....
7 fois 7,	....
7 fois 8,	....
7 fois 9,	....
7 fois 10,	....

Table de 8	
8 fois 1,	*8*
8 fois 2,	*16*
8 fois 3,	....
8 fois 4,	....
8 fois 5,	....
8 fois 6,	....
8 fois 7,	....
8 fois 8,	....
8 fois 9,	....
8 fois 10,	....

Table de 9	
9 fois 1,	*9*
9 fois 2,	*18*
9 fois 3,	....
9 fois 4,	....
9 fois 5,	....
9 fois 6,	....
9 fois 7,	....
9 fois 8,	....
9 fois 9,	....
9 fois 10,	....

Table de 10	
10 fois 1,	*10*
10 fois 2,	*20*
10 fois 3,	....
10 fois 4,	....
10 fois 5,	....
10 fois 6,	....
10 fois 7,	....
10 fois 8,	....
10 fois 9,	....
10 fois 10,	....